大人が変わる生活指導

仕事も人生もうまくいく

原田隆史

日経BP社

大人が変わる生活指導　仕事も人生もうまくいく

目次

二時間目　理念と目標を掲げる——69

三時間目 脳と心を鍛えるエクササイズ――109

はじめに

公立中学の教師という職をいったん卒業し、仕事の軸足を大学生や教職志望者、社会人への指導に移して三年になります。

講演や前著でもご紹介してきましたが、中学教師生活の最後に赴任した大阪市立松虫中学校は当初、問題を抱えていました。しかし、実際に接してみると人情味にあふれ、能力とエネルギーを秘めた子どもたちばかりです。むしろ周囲の大人たちのあきらめムードや元気のなさ、将来への漠然とした不安などが、将来の夢や目標を描くことから子どもたちを遠ざけていただけでした。

私は、手当たり次第に、子どもたちと学校を変える手がかりを探し求めました。そして、試行錯誤の末に到達した考え方と手法、心ある同志の協力により、学校は生まれ変わったのです。特に、私が監督を務めた陸上競技部は、七年間で十三回もの日本一を輩出するという大きな成果を上げてくれました。

私が取り組んだのは、単なる陸上競技の技術面での向上や体力づくりだけではありません。挨拶や身だしなみにはじまる態度教育や清掃活動、奉仕活動といった生活改善に根ざした人間力の向上に全力を注いだことが、大きな成果につながったのです。

企業経営という異分野からも多く学んだ私の指導手法は、噂が噂を呼び、逆輸入のように企業関係者から注目を集めるようになりました。

なぜ立派な社長さんが、遠いところまで足を運んでわざわざ中学生の部活を見学しにくるのか。どうして一介の元中学教師の話に耳を傾けてくれるのか——。

私はあらためて自分の指導と企業の人材教育を比較して、ひとつの重要なポイントに気がつきました。

それは、いまの日本では「大人のための生活指導が必要だ」ということです。

挨拶や身だしなみなど、中学生に教えているようなことを大人にも指導しなければならないというのは、おかしな話です。しかし、ビジネスの最前線におられる社長さんが一様に、最低限のことができない大人が多すぎて困るという悩みを口にされます。

実をいうと、学校現場での指導で手を焼いていたのは子どもたちばかりではありません。大人たちへの対応に困っていたのです。大人は子どもにとって鏡のようなもの。

子どもは必ず大人の真似をします。とりわけ、悪いものほど伝染します。大人の悪い習慣ほど子どもが簡単に真似をするのです。

非行に走る生徒の後ろには、多くの場合、心のすさみを助長する荒れた家庭がありました。

荒れた子どもよりもはるかに生活が乱れている大人。子どもたちよりもまず親を指導しなければならない。そう思うことは日常茶飯でした。

そこで、生徒だけでなく父兄にも、規則正しい生活を送るように指導したり、地域活動への参加を呼びかけるなど、生活面でのアドバイスを行うようになりました。

生徒の父親の仕事を探すため、一緒にハローワークに出向いて「すんません。このお父ちゃんがまじめに働けるようにならんと、子どもが元気に学校へ行かれへんのです。どうぞよろしくお願いします」と窓口で頭を下げたこともあります。

とにかく、生徒が安心して、自信を持って学校に通えるようになるためならば何事もいとわない覚悟で指導にあたってきました。

なんとかして、子どもたちのお手本になるような元気な大人たちを少しでも増やしたい――。

いま、そんな思いで、大学生や教職志望者、現役の先生、企業人に独自の目標達成手法「リーチング」を指導しています。指導の内容は学校教育で中学生に実践してきたものと基本的に変わりません。

日常生活の改善により、意識を高め、人間力を高める。

生活にも仕事にも通じる人生の志や理念を抱く。

そこから具体的な目標に落とし込み、目標実現に向けて万全の準備でのぞみ、日々の階段を着実に上る。

心に元気とやる気を満たすことを忘れず、感謝の気持ちを持って誰とでも何事にも本気でかかわり、周囲の人に元気を与える。

さて、私の手法を実践した結果、大人たちはどうなったと思いますか？

劇的に営業成績を伸ばした人、仕事での成果だけでなく、夫婦関係や子どもとの関係が改善した人、長年の持病が快方に向かった人……。

数多くの企業で驚くほどの成果が見えてきました。人間の潜在能力はスゴいですね。

こうした成果から確信したのは、「生活指導で大人が変わる！」ということです。

中学生と同じように、大人もきっかけひとつでガラリと変われるのです。

私の手法で、世の大人たちがもっと変われば、会社でも家庭でも魅力的なリーダーが増える。子どもたちの生き方モデルを示せる大人が増える。それが私の本望です。

本書を手に取ったあなたは、なんらかのプラスの変化を求めておられると思います。まずこの本を読んで、自分から主体的に変わるキッカケをつかんでみてください。

昨今、ワークライフ・バランスという言葉が、経営者の間で注目を集めています。仕事の生産性を高めるには、私生活にも配慮して仕事と生活のバランスを取る工夫をするべきだという考え方です。欧米では約十年前より、ビジネス戦略と位置づけ、さまざまな福利厚生サービスを導入する企業が増えているそうです。

生活がすさんでくると、仕事の生産性も低下することに多くの経営者が気づいているのでしょう。しかし皮肉にも、米国型の成果主義が広まるにつれて、日本企業の職場環境にゆがみが加わり、仕事だけでなく普段の生活にも暗い影を落とす結果を招いたのです。

奇しくも生活に重きを置き、仕事と生活の良好なバランスを保つという着眼点は私と同じです。ただし、私の手法をあえて、「原田流ワークライフ・バランス論」と言わせてもらえるなら、それは企業が提供する福利厚生サービスとは違います。企業から与えられるのを待つのではなく、あなた自身が主体変容することから、すべてが動き出すのです。

真剣に生きるあなたの姿勢そのものが、職場や家庭での生き方モデルとなり、あなたは魅力的な大人、よき親、よきリーダーへと生まれ変わっていきます。

まず日常の小さな改善がきっかけとなり、大きな変化へ――。

本書の内容を実践してみれば、すぐにハッと気づくことがあるはずです。あなたの生活、あなたの仕事、そしてあなたの人生が、好転することを願っています。

原田隆史

○時間目

仕事と思うな、人生と思え

研修クレド（平成18年度版）

1 仕事と思うな人生と思え

2 主体変容、自ら変われ！

3 率先垂範、まず動け

4 心を磨く、すさみ除去

5 ハンズ・オン指導、責任は我にあり

6 ちょっと変えたら、大きく変わった

7 一寸先は、、光です。

8 タイミング、イズ、マネー、今がその時

9 敵は誰ですか？私です。

10 プロを育てる準備力（未来予測と準備力）

11 人を育てる三性発揮（父性、母性、子供性）

12 私もOK、あなたもOK

13 何はなくとも、まずストローク

14 一日一回「思考」と「改善」（日誌継続）

15 今やらねばいつ出来る。私がやらねば誰がやる。

仕事や家庭に何の悩みも問題もない。

そんな人が世の中にいると思われますか？

「現状の仕事に不満はないが、自分の能力を超えるような大きな課題を与えられている」「あまり人には話したくないけれど、人間関係で悩みが多い」「成果主義の導入で高成績を上げ続けろというプレッシャーに押しつぶされそうだ」「職場には内緒だけれど、子どもが不登校で困っている」「親の介護問題から夫婦間にいろいろと亀裂が生じてしまった」――。

生きて働く限り、悩みはつきませんね。人生は決してなだらかな道のりではなく、晴れの日もあれば土砂降《どしゃぶ》りの日もあります。とはいえ、あきらめは禁物です。あなたの人生はあなただけに与えられたものです。自分の意志と努力でいくらでもプラスに変えることができるのです。

さて、大人向けの生活指導をはじめる前に、まず私の指導原則を簡単に説明しておきましょう。過去の著書でも書いてきましたが、中学生でも大学生でも現役の先生でも企業人でも経営者であっても、相手が誰であっても、私の伝えたい根本的な考え方は変わりません。

それは、未来を切り開く人、すなわちこれからのリーダーは、生きる力を備えた自立型人間でなければならないということです。

夢を描いてそれを目標に変える。目標達成のための方法を考えて、達成しきる。被害者意識がなく心のコップがいつも上を向いている。心・技・体+生活のバランスが取れている。

こうした人が私の目標とする自立型人間です。大人であれば、必ずなんらかの仕事を持って働いています。専業主婦で会社勤めはしていなくても、家事だって家族を支えるきわめて重要な仕事です。家族経営という言葉もあります。

そして、どんな仕事でも受け身になって「やらされている」と思うと楽しくありません。あなたが人生をさらに充実したものに変えたいと願うならば、日々の仕事をつまらないと思ってあきらめるのは、この瞬間からやめましょう。どんな仕事でも本気になって取り組むことからすべてがはじまります。

仕事と思うな、人生と思え——。

これは私が好きな言葉のひとつです。まずは自分自身に気づき、変化し、目標を揚げて、その実現に向けて本気になってください。少しでも多くの大人が変われば世の中はもっと生き生きとして、エネルギーでいっぱいになるはずです。

私は子ども、大人にかかわらず、自立型人間に生まれ変わらせるための指導をしてきました。そして、その指導の中心にあるのが、五段階の「心づくり」です。

ここでは具体的な生活指導の事例に進む前に、心づくりとはどういうことなのかを、しっかり頭に刻んでおいてください。

私は、公立中学校での体育や生活指導、陸上競技指導の経験から、技を磨くだけ、体をつくるだけではそこから得られる成果に限界があることを知りました。著名なスポーツ選手やオリンピックの金メダリスト、またその指導者を調べた結果、最後に勝負を分けるのは心であるということに気づいたのです。

しかも、それはスポーツの話だけではありませんでした。ビジネス、教育、人生、健康、芸術の分野でも「心」がカギを握っていたのです。

そして、心をつくる技術を自分なりに体系化して、日々の指導に取り入れてきました。その後時間を経て内容を少しずつ洗練させ、「心づくり指導」という独自の手法にまとめています。

心づくりとは、「心を使う」「心をきれいにする」「心を強くする」「心を整理する」

「心を広くする」という五つの方法で構成しています。

生活指導と心づくりは、切り離せません。ですから、この五つの心づくりを念頭に置けば、本書で紹介する事例への理解も深まります。

心を使う

「心を使う」とは、私が考案した「リーチング目標設定用紙」を使って、心の中にある思い、考えを文字にしていく作業です。自分の内面にある漠然としたイメージを鮮明にする作業ともいえます。また、思いを文字に映し出すことで、自分としっかり向き合うことができます。その結果、将来のあるべき姿、志や理念を、明確に描けるのです。目標設定用紙の詳細と書き方については過去の著作を参照してください。

「心を使う」作業は夢や目標の実現を大きく左右します。人は自分の描いたイメージ以上にはなれません。イメージできないことは実現できないのです。目標達成に向けて未来を予測し、準備すべきことのすべてを書き出し、そのすべてを実行できれば、目標は必ず達成できます。

書いて、書いて、書きまくる。これが「心を使う」ということです。

心をきれいにする

「心がきれい」とは、心のコップが上に向いていて、物事に取り組む姿勢や態度が素直でまじめ、積極的な状態をさします。そんなとき、人は高い目標にも真剣な態度で向き合えます。

「心をきれいにする」とは、身の回りの目に見えるすさみと、心の中にある見えないすさみを取り除くことです。心がすさんでいると、すぐに態度に表れます。目標に対して、まじめに向き合えなくなったり、やる気や元気が失せてしまいます。すさみをなくすには、「ハイ」という返事や挨拶を忘れない、靴を揃える、イスを入れる、背筋を伸ばして相手の目を見て話を聞く、不平や不満、グチを言わない、一生懸命に掃除をするといった態度教育の徹底が欠かせません。

また、奉仕活動もよいでしょう。些細《ささい》な活動でも続けることで気づきが高まったり、周りの人に対する感謝の気持ちも芽生えてきます。

夢や目標は、ゴミだらけの生活やすさみきった心からは達成されないのです。

心を強くする

「心を強くする」とは、いまの自分の力でやれることを決めて毎日欠かさず継続することです。前述のように心をきれいにするための清掃や奉仕活動であれば、なお効果的でしょう。

どんなに小さな生活習慣であっても、「毎日必ずやる」と決めたら、一日たりとも休まない。中途半端に終わらせず、最後まできっちりやり遂げて一日を終える。

一週間、一カ月、一年、二年、三年と千日間継続すれば、驚くほど心が強くなっていきます。このよき生活習慣の継続が、仕事や人生において大きな自信となるのです。

身につけたいスキルをコツコツと継続すれば、心を強くするとともに、実力を蓄えることにもつながります。

心を整理する

「心を整理する」とは、自分の心の中にある、過去の失敗や後悔などのマイナス要素を整理して、いつまでもそのマイナスにとらわれないようにすることです。そのためにはこれから先のことで、自分にできること、できないことを見極め、できないことはあえて切り捨てます。そして、できることに対して万全の準備でのぞむのです。

過去の失敗を引きずったままにせず、未来に向かってどう改善していくかを考え続ければ、心は前向きに保たれます。「プロ」と「アマ」の違いは、この「心の整理」ができるかどうかにかかっています。

日誌を書けば、いつも自分を前向きに保てます。その日にすべきことを日誌に書いて、その日の終わりに、できたことと、できなかったことを仕分ける。できなかったことをそのままにせず、明日はどうすればできるのかを考えて、翌日の行動計画を立てていくのです。その日を前向きに終わらせることで、一日一日を充実させることができます。

心を広くする

自分の長所を生かして他人に貢献したり、持っているものを惜しみなく相手に与えると「ありがとう」の言葉が返ってきます。その際に「心が広くなる」のです。「教えてあげる」「助けてあげる」、人のために「〜してあげる」という利他的なふるまいが大切です。

他の人のためになると思ったことは、どんどん実行していけば、心は広くなります。自分の強みや秘訣、獲得したノウハウ、経験から得た手法などを、他の人にも広め、分け与えていくことで心が広くなります。

ビジネスの場で実践すれば、個人の強みを組織の力として共有できると同時に、自分の心も広くなります。感動した体験や元気の出る話などを伝えていくことも、心を広くします。苦労して得た経験でも、惜しまずに人に与えるほど、自分の心はどんどん広くなっていきます。他の人からも、惜しまず与えてもらえるようになるのです。

ぜひこの心づくりを念頭に置いてください。では生活指導に移ります。

一時間目

大人にこそ生活指導を

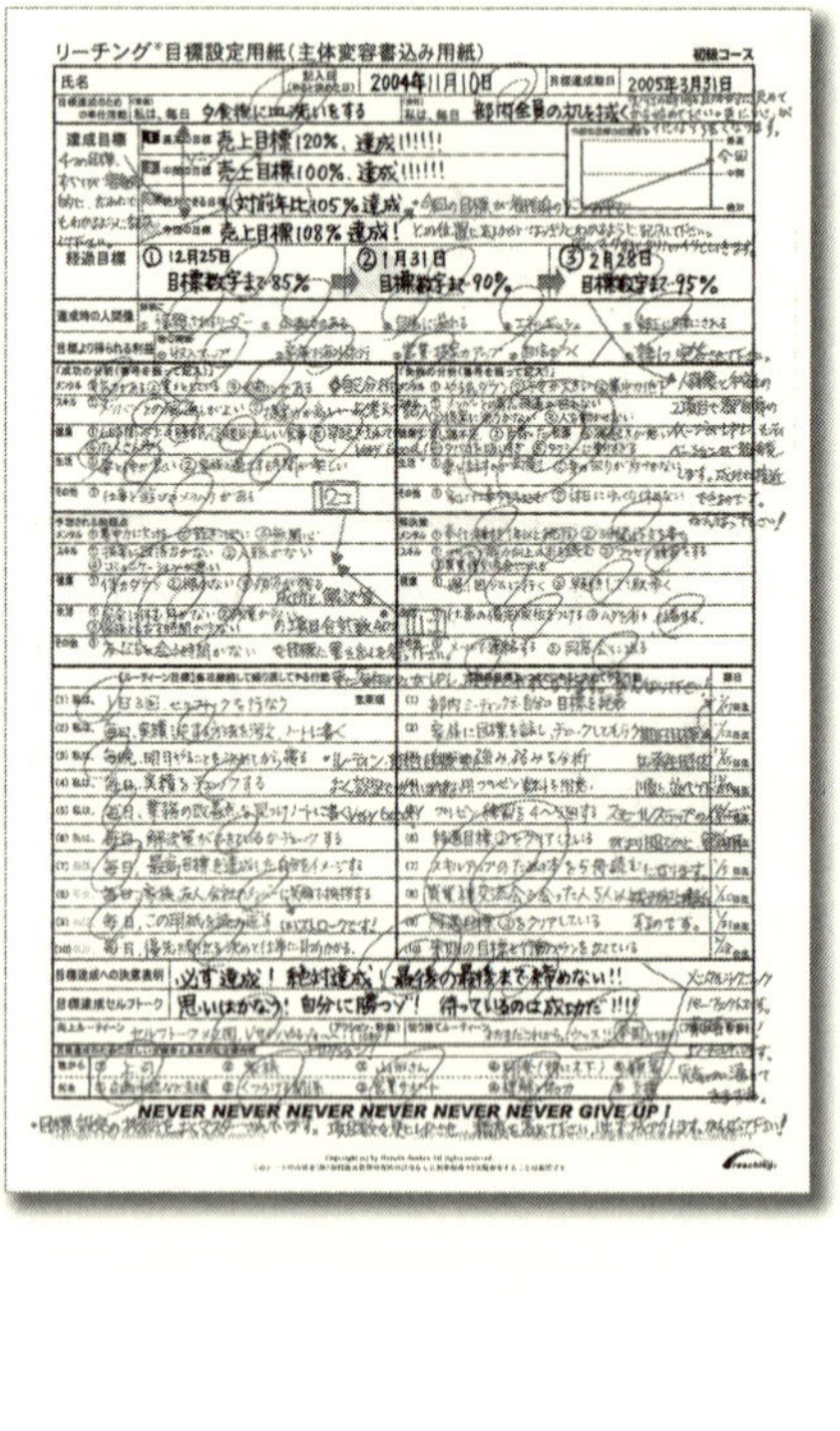
リーチング®目標設定用紙(主体変容書込み用紙)　初級コース

氏名　記入日 2004年11月10日　目標達成期日 2005年3月31日

私は、毎日 部内全員の机を拭く

達成目標
売上目標120%、達成!!!!!
売上目標100%、達成!!!!!
対前年比105%達成
売上目標108%達成!

経過目標
① 12月25日 目標数字まで85%
② 1月31日 目標数字まで90%
③ 2月28日 目標数字まで95%

目標達成への決意表明　必ず達成! 絶対達成! 最後の最後まで諦めない!!
目標達成セルフトーク　思いはかなう! 自分に勝つゾ! 待っているのは成功だ!!!!

NEVER NEVER NEVER NEVER NEVER NEVER GIVE UP !

荒れた心がすさんだ場をつくる

企業人の教育という私の新たな仕事に、実践の場を与えてくれた会社のひとつが大阪のA証券です。私が取材を受けたテレビ番組を見て、この会社のB社長が共感し、声をかけてくださったのです。

A社は伝統ある会社ですが、バブル崩壊以降、長らく業績不振に苦しみ、度重なるリストラで社員の士気も下がりました。たいへん厳しい時期に、経営再建を求められて社長に就任したのがBさんです。

Bさんにお会いして、私の手法や人材教育のあるべき姿を語ったところ、私の考えと通じるものがありました。

まず、人とのかかわりを重視する。本気のコミュニケーションができる人材が集まり、志をともにしていかなければ、真の再生はできない。心づくり指導を基盤として、自分で自分を高めていける自立型人間を育成したい——。

私たちはすぐに意気投合。さっそく、社長命令で「人間力向上」と題した研修を行うことになりました。プロジェクトリーダーは人事部長のCさんです。

会社に活力を取り戻す全社プロジェクトですから、幹部の理解が欠かせません。私は社長に、まず幹部の心づくりからはじめたいとお願いしました。

主体変容。リーダーが自分に気づき、自らが変わらなければ、人はついて来ないのです。Cさんたち幹部社員には、自己分析からはじめてもらいました。何のために働き、生きるのかという自分の理念を再確認し、私が考案した「リーチング目標設定用紙」に目標を書いてもらったのです。

これは私の指導では必ず行う作業です。目標の達成に必要な行動を洗い出し、甘えや弱い自分を断ち切る。そして、やる気を高めながら目標にリーチング（到達）するというのが基本的な指導の流れです。

トップ営業マンとして活躍してきたCさんですが、今回のような研修を受けたことはありませんでした。それまでの会社人生において、生きる目的や心を見つめ直す機会はあまりなかったのです。Cさんはこう振り返ります。

「もともとこの業界は競争が厳しく、会社に入ったころは、『収益が人格や』と、よく聞かされたものです。すごく嫌いな言葉でした。でも、収益が人格という時代をずっと過ごしていると、『仕事さえできればいい』という人も周囲には多かった。どんなに遅くても朝五時に起きて出社する。拘束時間が長くて、家族との時間も減る。そこへ度重なるリストラで社内の雰囲気は次第に暗くなり、人間関係もギスギスした環境になっていきました。会社は徐々に活気を失い、私自身、生きることに意味づけができなくなっていきました。いら立たしく感じても、いったい、何に対して怒っているのかさえわからない。自分でも知らず知らずのうちに心がすさんでしまいました」

社長、Cさんに限らず、日々忙しく働いている人であれば、誰しも抱いたことがある感情でしょう。

一生懸命働いているのに、それをさらに加速させるように新たな成果を次々に求められる。そんなことを繰り返していくと、仕事の質も生活の質も下がります。

仕事も人生も充実させたい。どちらも楽しみたい。ごく当たり前の願いです。

しかし、いまの日本では、その当たり前のことが、むずかしくなってきています。

とはいえ、高い目標を掲げるだけでは絶対に成果は上げられません。私が松虫中学の陸上部で連続日本一を達成したのも、ただ日本一になりたい、なりたいと思っていただけで、実現できたのではありません。

やみくもに目標を掲げるのではなく、目標達成の手段として、しかるべき準備を徹底したから成功できたのです。とりわけ重視してきたのが「目標達成のための奉仕活動」とその継続でした。

具体的には、仕事、生活のそれぞれにおいて、自分ができる奉仕活動や清掃活動を設定します。松虫中学では、子どもたちにクラブや学級で役割を持って働くことや家庭でのお手伝いという学校・生活の両面で他人のためになる活動、基本的なしつけである態度教育を徹底させました。

いわば仕事と生活を両輪と見なす発想です。これなくしては、目標の達成はありえないという強い実感をもっています。

A社の研修で特に力を入れたのも、仕事一辺倒になっている人の生活を改善することでした。仕事での成功には、やる気、元気を生み出すための生活習慣の見直しといった家庭生活への目配りが欠かせない。社長にもこの考えを理解してもらいました。

心のすさみに気づき、心づくりをはじめるきっかけとして、小さなことを毎日続けることを日課とし、それを継続していく。このことを、あえて立派な企業人たちに求めたのです。

たとえば、家庭であれば「靴を揃える」「お風呂を洗う」「洗濯物をたたむ」「皿を洗う」「トイレを掃除する」といった家事の手伝いであったり、地域のスポーツや文化活動などでボランティアを引き受けたり、職場であれば「率先してゴミを片づける」「朝早く出社して同僚の机を拭《ふ》く」といった「些細なこと、小さなことだが大切なこと」を目標として掲げてもらいました。

研修プロジェクトリーダーのCさんは、こういいます。

「生活面の改善は、予想以上に効果を生みました。靴を揃え、挨拶をきちんとするだけで、家族とのかかわりがまったく違ってきたのです。夫婦間で互いにねぎらいの言葉をかけ合うと、元気を与え合う関係に変わってくる。それだけでも、不思議なほど仕事に対して前向きな姿勢が生まれてきました」

彼はもともと、家族との時間を増やしたかったのですが、多忙なこともあり時間がなくてあきらめがちでした。それが家庭で実践する日課を決めて実践し続けたことで状況が一変しました。

「一番大切なことは、長く時間をとることだけではないとわかりました。たとえ時間がなくても、工夫次第でよい関係は保てるし、子どもに自分の生き方を示すこともできる。思いがあれば、たとえ短時間でも、しっかり伝えることができる。思いが伝われば、ちゃんと自分について来てくれる。逆に、陰でさぼっていれば、その心はきっと態度に表れる。絶対に見えるんです。いくら稼いで帰っても、家庭では『収益が人格』にはなりません。『家族への思いが人格』なんですね。これは家族でも会社でも一緒だなと思いました」

誰でも子どものころ、家庭でのお手伝いや奉仕活動をした経験があると思います。しかし、働き盛りの男性ほど仕事中心で家庭のことは奥さんにまかせっぱなし。また、仕事を持っている女性であれば今度は、家事と仕事の両立で、日々の作業をこなすだけで精一杯というのが本音でしょう。

私は、そうした忙しい合間をぬって、何か奉仕活動や清掃活動をしてください、と研修の場で何度も呼びかけました。教員時代も生徒たちだけでなく、生徒の父兄にもそのように提案してきました。企業研修でもその方針は変わりません。指導の根っこにある重要なポイントだからです。

人材教育に理解ある社長の指導のもとでA社は、急速に元気を回復しています。人間力向上研修の結果、社員のやる気に火をつけたのでした。

小さな生活の改善からはじまり、私の手法を実践してくれたCさん。モーレツな仕事人間だった彼は、日増しに、本来持っていた熱い思いを取り戻し、人情味あふれる幹部として生まれ変わりました。落ち込んでいた仲間たちを巻き込んで新しいエネルギーを注入し、会社を元気づける中核メンバーとして生き生きと活躍し続けています。

すべては日々の習慣で決まります

なぜ、私は「生活」にこだわるのか。それは多くの人を指導してきた長年の経験とデータにより裏づけがとれているからです。

心・技・体という言葉がありますが、陸上の指導をはじめたころを振り返ると、当時の私は「技と量」の教育ばかりに精を出していました。『巨人の星』世代ですから、技をたたき込む厳しい指導を長時間続ければ、伸びると考えていたのです。

がむしゃらな努力のかいもあって、大阪市内百二十校で一番になることができました。ところが、スパルタ特訓ではそれが限界でした。長続きしないのです。

さらに高度な指導方法を模索していたときに、ソウルオリンピックで幻の世界記録をつくったベン・ジョンソンに間近で接しました。彼の驚異的な肉体を見て、次なる課題に気づきました。ドーピングの発覚で、彼の世界記録は抹消されたとはいえ、やはり技だけでは足りない、もっと上を目指すには、圧倒的に優れた肉体が必要だ。そう考えたのです。

二校目の学校では、技の指導に加えて、ウエイト・トレーニングを組み込んで、ひたすら肉体改造です。鍛え抜いた部員は、中学生とは思えない体つきになりました。すると、大阪府四百校の中でトップ。日本でも、十指に入るレベルの生徒を常時育てることに成功したのです。

次に赴任したのが、最終勤務校の松虫中学です。技と体を鍛えて、新たな課題に加わったのは、心の指導でした。今度は、オリンピックの金メダリストたちとその指導者、有名経営者、偉大な発明家、成功者を研究し、メンタルつまり心を鍛えることに成功のカギがあると気づいたのです。そこで、他校では誰も行っていないメンタル・トレーニングを心づくり指導と名づけて中学生向けに体系化し、取り入れました。

タイガー・ウッズ、宮里藍、イチロー、常にトップクラスで活躍するアスリートは、プレッシャーのかかる状況下で、高いレベルの実力を発揮し、維持する力を持っています。大きなプレッシャーがかかればかかるほど、ファンを満足させるパフォーマンスを披露します。理由はたったひとつ。メンタル面で優れているからです。

今度は、技・体の指導だけでなく、目標を明確にして目標設定用紙を書かせたり、日々の心の変化を日誌で綴らせて、毎日赤ペンで添削指導を繰り返しました。そのほかにも頻繁に面談を行い、心のケアに力を入れました。時に叱り、時にほめ、部員たちのやる気を鼓舞してきました。その結果、陸上競技で十三回の日本一を生むという成果につながったのです。

ところが陸上のエリート校として知られるようになると、生徒たちに慢心が見られるようになりました。

私は、はたと気づきました。教え子たちは、最先端のスポーツ指導の定石に沿って、心・技・体を鍛え、大きな成果を生み出した。しかし、私の元を離れたとたん自分で自分の力を維持できなくなる子もいる。それでは話になりません。私にはスポーツも学業も家庭生活も、真剣に取り組み、自分を高められる自立型人間に育ってほしいという強い思いがありました。

でも心・技・体の指導だけでは、私の思いはかなわなかったのです。

学校での指導は十時間程度。大ざっぱに考えると、残りの十四時間は家庭生活です。生徒の家庭生活にまで目を向けなければダメだ。私が見ていない家庭生活でも、手抜きをせず、自分を律する力を育むことの大切さを痛感しました。

家庭で毎日、規則正しい生活を送る。心をつくるために家庭でお手伝いを決めてそれを継続する――。

一度決めた仕事をやり抜く強さを体験できれば、自力で自分を高めることができる。奉仕活動や清掃活動で感謝の心を育み、態度教育を徹底すれば、慢心を防ぎ、どこにいっても通用する自立型人間になれる。私が目指す理想のリーダーの基盤は生活にある。そして、心・技・体＋生活を指導するという考え方にたどりついたのです。

大人の生活指導で起業家誕生

もちろん、家庭での奉仕活動であるお手伝いを実践できない子どもたちもいます。その場合は、子どもが決めた仕事を毎日きちんと続けているかどうかを親にチェックしてもらいました。親がチェックできない場合は、私が電話などで確認しました。実は、家庭でお手伝いを徹底させることが、結果的に親を成長させることにつながるのです。

最近、教育の問題として、不登校や家庭内暴力がよく話題になります。企業研修で出会った方からそうした悩みを打ち明けられることも珍しくありません。そうした場合、私は子どもを変えるよりもまず、大人である親が生活を改善することと、子どもとのかかわり方を変えることを提案します。

暴力の起きる家庭には必ず二つの条件が揃っています。その一つはすさみです。先ほどから述べているように「心のすさみ」が暴力を生むのです。

教員時代の経験でいえば、家庭訪問をしたときにまずそこに気づきます。玄関先の靴が揃っていない。階段には古新聞が山積み。流し台には洗い残しの食器が残ったまま。トイレ掃除もしていません。

さらにそうした家庭ほど、家族同士で挨拶を交わさない。親も子も元気のよい「ハイ」という返事をしない。そういった傾向がありました。

もう一つには親のしつけ、厳しい指導がないのです。幼いときからわが子を優しさのみで甘やかしてしまい、母性の塊《かたまり》のような育て方をしているのです。

優しいのは結構ですが、しつけができていません。

親の性別、年齢、地位、世帯収入の差などに関係なく、子どもと厳しく接する機会が減ってきているのです。このような親ほど、はじめは、私が行う生活指導や厳しい指導を拒まれる場合が多いのですが、事態が悪化し、子どもが暴力を振るうなど、問題行動がひどくなると最後は相談に来られます。

そうしたケースではまず、親の「しつけ力」の強化と子どもとの関係改善のために、家庭でやらせるお手伝いを決めさせます。「靴を揃える」「自分の弁当箱を洗う」「毎日お風呂を洗う」といったものです。それを家庭での子どもの目標＝奉仕活動として項目にし、親に毎日チェックしてもらいます。

同時に生徒には、親に指一本でも触れたら絶対に許さないと厳しく念を押します。親のほうも当初は、おそるおそる子どもとかかわりはじめますが、私が応援し、しつけられるように後押しするのです。

また、普段は子どもに書かせている日誌を親にも書いてもらい、家庭での取り組みを記録に残します。そしてそれを持って、毎日、学校に来てもらい、私が点検し、励ましていきます。母親の場合が多いですが、もちろん父親でもかまいません。要するに親を相手に大人の生活指導を行うのです。

しばらく続けていると変化が生まれます。親自身に必ず変化が表れます。子どもとの関係が改善され、厳しさが生まれ、「ダメなことはダメ」としつけができるようになるのです。それと同時に家庭でのすさみがなくなり、暴れていた子どもの心からもすさみが引いていきます。

問題行動が目立っていたある生徒は、両親による本気で根気強い献身的な取り組みの結果、生まれ変わりました。陸上競技でも大阪代表になって大活躍したほどです。また、子どもにきちんとしつけをし、厳しく対峙《たいじ》できるようになった父親は、その経験と指導のコツを、会社での部下育成に応用しました。すると、実力あるリーダーとなり、たいへんな業績を上げました。大人の生活指導が成功したわけです。この方は現在では独立し、経営者として活躍されています。家族経営が会社経営にも役立った例といえるでしょう。

こうして、家庭での生活に目を向けたことで、子どもも大人も心のコップが上に向き、強い心が育ち、陸上日本一を継続して生み出すようになりました。

私が学校を去った後も、部員たちは私の手法を代々受け継ぎ、現在も成果を上げ続けています。そして、卒業生たちも、みんな、立派に活躍しています。すべての基盤は「心・技・体」＋「生活」にあったのです。

毎日のお皿洗いが、仕事に直結！

「毎日欠かさずお皿洗いをしたおかげです」――。

砲丸投げ日本一を達成した生徒は、優勝後のインタビューで胸を張り、こう言いました。毎日欠かさず継続する生活習慣を身につけると、心は確実に強くなります。

実際に、心が強くなるとは、どんな変化となって現れるかわかりますか。

私の手法を法人営業向け研修に採用したD生命保険の例を挙げてみましょう。

D社は、法人営業部門が独自の方法で、営業研修を行っていました。対象者は新しくコンサルティング営業という職種に異動してきた中堅社員で、もともと営業経験のない人が大半でした。

研修期間は半年間。研修の具体的な達成目標は、研修生十四人合計で、所定の金額まで法人契約を取ることです。ところが、研修終了まで残り二週間という段階になって、達成目標の四分の一しか消化できていませんでした。

研修を統括していた教官のEさんは、その惨憺《さんたん》たる状況に「いっそ、川にでも飛び込もうか」と思うほど、困り果てました。業界トップを争う会社ですから、きちっと成果を出さなければなりません。

泣いても笑ってもタイムリミットは二週間。そこで藁《わら》にもすがる気持ちで、私の手法を実践することにしたのです。

こちらでも、「リーチング目標設定用紙」に沿って研修を進めました。用紙の中で徹底してもらったのが「ルーティン目標（毎日継続して行う行動）」です。

仕事も生活も含めて、成果につなげるために毎日行う行動を二十個挙げてもらい、それを実践できたかどうかを、毎日チェックします。できたら「○」、できなかったら「×」を記入していきます。完全にやりきることを前提にしていますので、中途半端にしかできなかった場合は「×」で、「△」は認めないルールです。

生活面で毎日行う行動として挙げられた内容を、ざっとご紹介しましょう。

「朝五時に起きる」「十二時までに寝る」「毎朝ゴミを出す」「ビールを一日一本にす

る」「起床時にうがいをする」「野菜を欠かさない」「毎日お皿を洗う」「奥さんと三十分会話をする」「自分でアイロンをかける」「子どもの勉強を見てあげる」「犬の散歩をする」「靴を揃えて脱ぐ」「腕立て伏せと腹筋運動を十五回ずつ」といった感じです。

いかがでしょうか。

「ビールを一日一本にする」「子どもの勉強を見てあげる」というのは別として、「毎日うがいを！」「野菜を食べる」といった項目は、子どもたちの生活改善にも当てはまります。些細なことでもバカにしないで、各自、思い思いに定めた毎日の行動を、できるだけ○になるように真剣に取り組み、その日の終わりに○×で必ずチェックしていくのです。

さて、二週間後、どうなったと思いますか？

なんと、目標金額の契約にこぎつけたのです。

素晴らしいラストスパートでした。その後、継続して行われた研修では、一人で十一億円の契約を達成する人まで現れました。

成果に直結し、仕事の精度を高めるような行動や生活習慣を改善するための○×チェックを継続することで、「目標に向かう強い執念が生まれてきた」「家庭での生活習慣が、仕事でも非常に重要だったと気づかされた」という感想をいただきました。

当初、設定した二十個の習慣を、すべて○にできた人は少ないのですが、一度続ける習慣ができあがると、その習慣はずっと○が続くケースが多いのです。続ければ続けるほど、やめたくない、さぼりたくないという気持ちが働くためです。そして、続けるほど自信につながっていくのです。

小さな継続が、仕事において意外なほど大きな力をもたらしました。D社の営業マンたちが仕事や生活習慣の改善で育んだ強い心は、仕事に対する執念や粘り強さといった、予想外の効果を生み出したのです。

まずはだまって靴を揃えてみた

ハードワークに追われクタクタになっている大人に、「家庭での生活を見直して何か奉仕活動を行え！」と急にいっても、普段から家事全般を奥さんにまかせっきりという方には酷な話かもしれません。私も教員時代の前半は、家庭を顧みない仕事一筋の生活でした。生き方に誇りを持っていましたが、あまりのモーレッさに「動く母子家庭」というあだ名で呼ばれたこともありました。

家事に一切かかわってこなかった人は、「今日から毎日お皿洗いをするよ！」といっても、家族から疑いの目で見られてしまう場合もあります。いきなりどうしたんだと、家族にからかわれて、まじめに家事をする気が萎《な》えてしまうかもしれません。

とはいえ、誰でも子どものころ、何かのお手伝いを日課として与えられた経験があると思います。その当時を思い出して、ともかく無心になって続けてみることです。

まず、黙々と継続する。続けていけば、周りの見る目が必ず変わっていきます。

前述したA社で成果を上げた男性社員Fさんの体験を紹介しましょう。彼が日課の一つとして決めたのは、毎日、玄関の靴をきれいに揃えることでした。靴を揃えようと決めた第一日目、奥さんは開口一番、こういいました。

「どうしたの？　靴なんか揃えて、やましいことでもあるんじゃないの？」

それからしばらくは、「どうして突然、こんなことをはじめたんだろう？」と冷たい視線を投げかけられたそうです。

Fさんも気恥ずかしくて仕方ないのですが、自分の決めた日課です。考えるよりも先に行動あるのみです。

一番最初に、彼の行動に反応を示してくれたのは、なんと四歳になる息子さんでした。お父さんが毎日玄関の靴をせっせと揃える姿を見て、息子さんも真似をして揃えるようになったというのです。

いまでは、自分が揃える前に、小さな息子さんが真っ先に靴を揃えてくれるようになりました。「やりなさい」とひと言もいわなくても、親が率先して行動すれば、子どもは親の姿を真似るものなのです。教育は言葉ではなく行動で示すものなのです。

最初は、訳がわからなかった奥さんも、四歳の息子さんがけなげに靴を揃える姿を見て、微笑ましく思わないはずはありません。

さらに、彼が日課として決めたのは「ありがとう」のひと言をいつも欠かさないことでした。

「毎日、靴を揃えよう」「元気よくありがとうをいおう」——。

これは、まさに私が中学生に向けて毎日行っていた生活指導と同じです。Fさんにとっても本当に些細な実践でしたが、たったそれだけで家庭内の雰囲気が劇的に変わったといいます。

他人に対してはなんでもないひと言でも、実は、身内に対しては非常に照れくさい。

口に出すのさえ、最初は、とても恥ずかしく感じられるものです。ちょっとしたことでも、素直に「ありがとう」とは言いにくい。

Fさんは勇気を出して「ありがとう」と言ってみました。やはり、奥さんの最初の反応は、素直ではなかったそうです。

「なにか隠し事でもあるの?」

「なんにもやましいことなんかないよ!」

ところが、こんなやりとりが続くうちに、今度は、奥さんから「ありがとう」という言葉が返ってくるようになりました。

「毎日の買い物、お疲れさま! ありがとう」

「いつもお風呂を沸かしてくれて助かるよ! ありがとう」

「朝早くからの洗濯、ご苦労さん」

小さなことですが、「ありがとう」と言葉を交わすことで、互いの気持ちを尊重しあえるようになり、夫婦関係のわだかまりはなくなったそうです。

そして何よりも、自分を支えてくれる家族を守らなければいけないという気持ちが強まっていきました。その結果、Fさんが仕事に向かう大きな活力につながったことは、言うまでもありません。

勇気を出して職場の悩みを語ってみる

家庭に仕事は持ち込まない。オンとオフのメリハリをつける。

こうした言葉は仕事に真剣に取り組み、生きる人にとっては、ひとつのけじめかもしれません。

妻に仕事のグチをこぼすなど、もってのほかだと考えている人もいます。しかし、仕事の話こそ、家庭で積極的に交わすべき話題なのです。

ご家族にとって、あなたの会社での仕事ぶりはまったく見えません。特に子どもさんにとっては、一日の大半の時間を外で過ごして、家に帰ったら休むだけ。そんな生活を繰り返していると、いつしか家族との間に、大きな壁ができてしまうものです。

ここで「毎日、妻と会話する」という日課を実践したD社のGさんの体験をご紹介しましょう。

奥さんとの会話を日課として定めること自体を、滑稽《こっけい》に感じる方もいるでしょう。しかし、もし多少なりとも、家族とのコミュニケーション不足を感じているなら、ぜひとも、この話を心に留めておいてください。

Gさんは、三十代半ばになってはじめて法人営業部門に異動してきました。それまではシステム開発一筋です。従来とは勝手が大きく異なる新職場で、毎日耐えられないほどのストレスに襲われました。しかも研修といっても、実際の顧客企業に出向いて、面識のない方々に商品の売り込みをする実務そのものです。内勤で開発の仕事が長かった彼にとっては、並大抵の心労ではありませんでした。

苦しくて仕方がなかったGさんですが、普段から家庭で奥さんと仕事の話をほとんどしてこなかったので、その苦労を伝えることができません。家では無口になりがちで落ち込むばかりでした。彼はこう振り返っています。

「これまでも、仕事が忙しいときには、妻とギクシャクしていた時期がありましたが、異動当初は、とりわけ夫婦関係が険悪になってしまいました」

毎日、暗い顔で帰ってきて、なぜ落ち込んでいるのか、まったく打ち明けてくれない。心配を通り越して、奥さんが疎外感を覚えるのも当然です。Gさんにしてみれば、これまで仕事のグチすらこぼしたことはなかったので、苦しい胸の内をどう切り出したらよいのかもわかりません。

営業研修に参加して、「毎日継続して行う行動」の家庭での日課を何と定めるべきか改めて思案したGさんは、迷った末に、「とにかく毎日、五分でもいいから、妻と話す時間を持つこと」と決めたのです。

これは、彼にとってはすごく勇気のいる決断でした。

最初は、「予報では曇りだったけど、念のため、傘を持っていってよかったよ……」などというお天気の話題から、奥さんにおよび腰で会話を持ちかけていきました。

ほどなく変化が表れてきました。毎日、数分でも話しかけていくうちに、険悪なムードは、次第に和らいでいきました。そしてある日、ふとしたきっかけから、仕事の苦労を奥さんに打ち明けることができたそうです。

「振り返れば、これまで家庭で仕事の話をすることに抵抗感がありました。生活と仕事は別だと、勝手に決め込んでいたせいもあるし、どうせ、妻に話してもわからないと高《たか》をくくっていた部分もあります。ところが、思い切って妻に打ち明けてみたとたんに、胸のつかえが消えました。思いがけないほど突然、すべてがスッキリした気分になりました。それからというもの、仕事上の相談は一人で悩まずに、妻にも持ちかけるようにしています。夫婦生活は信じられないほど円満になり、離婚の危機にあったことなど、いまでは嘘のように感じられます」

控えめで少し恥ずかしがり屋タイプの彼は、心からそう語ってくれました。不思議なことに、夫婦仲が改善するにつれて営業成績も着実に伸びていったのです。

Gさんだけではありません。「家の中が明るくなった」「痔が治った」「慢性的な肩こりが消えた」など、ほかにも、家庭での小さな生活習慣の継続によって、想定外の効果を報告してくれる方は大勢います。医学的根拠は不明ですが、家庭生活のストレスは体にも悪影響をおよぼしていたのです。

持病が治ったことは極端な例としても、やはり生活と仕事は表裏一体です。充実した生活があるからこそ仕事の成果も上がる。

仕事は生活の一部であり、生活もまた仕事の一部です。

よい生活習慣は仕事に生かされ、仕事で得たことは生活に生かされます。生活も仕事も、どちらも等しく大切なのです。

小さな変化でも家族はわかります

家庭での日課をコツコツと続ければ、家族とのすれ違いがなくなり円満になる。しかし、それだけではありません。今度はご家族が、仕事へのやる気を大いに高めてくれます。

「家でのゴミ拾い」「お酒を控えてなるべく早く帰宅する」という日課を設定したある営業職のHさんも、大きな変化を体験した一人でした。

「飲んで遅く帰ると、起床も遅くなります。仕事に身が入らず、会社でボーッとすることも多かったんです。禁酒とまではいきませんが、毎日、少しでも早く帰宅するために、そんな目標を立てたんです。早く帰れば、家族との時間も持てますし、早く寝られます。早起きして散歩をし、朝食をしっかりとれば、もっと会社でいい仕事ができるだろうと。自分をあえて戒《いまし》めるつもりではじめたのですが、続けていくうちに、窮屈《きゅうくつ》な感覚はなくなり、むしろ気分爽快《そうかい》です。いまでは精神的にグッと引き締まってきた感じです」

日課の家事を続ける中で、激的な変化を感じたのが、奥さんの態度でした。これまでは、一生懸命に働いて帰ってきても、ねぎらいの言葉ひとつなく「夫が働くのは当たり前だ」といったムードがあったそうです。

Hさんは十七年間の会社勤めで、好成績を上げて社内表彰を受けたこともあります。しかし、肝心の奥さんには、まるでほめられたことがなかったのです。

それまで奥さんには、どんなに仕事での成果を自慢めかして話したところで「へぇ〜、そうなの」と、軽くあしらわれていたそうです。男が外で働いて結果を出すのは当たり前という考えだったわけです。

「妻の変化を感じたのは、どうしても帰宅が遅くなってしまったときに、わざわざ駅まで車で迎えに来てくれたことでした。つまらない話ですが、私には大きなことでした。自分にとってはひさびさに感動した出来事だったんです」

さらに、驚いたことがありました。

「社内で重要な接客が予定されていた日の朝、『この赤いパンツと新しいシャツで、気合いを入れて！』と言われまして、もう恥ずかしいやらうれしいやら。でも、いつも妻が自分の仕事を気にかけてくれていることが、これほどモーレツなやる気につながるとは、思ってもみませんでした」

奥さんなりに、なんとかご主人を勇気づけようと考えた「真っ赤な勝負パンツ」。Hさんの営業活動をさらに燃え上がらせる強烈な効果をもたらしてくれました。

家庭を大切にしていることを、日々行動で示し続ければ、今度は、家族があなたに元気を与え続けてくれます。心を広げて元気を与えれば、元気が返ってくるのです。

毎朝、会社の前を掃除したら目標達成！

家庭での小さなお手伝い仕事のように、職場での奉仕活動もちょっとしたことで大きな成果を生み出します。たとえば、清掃活動がそうです。

あなたは自分の勤める会社の周りを、掃除したことがありますか？

自宅の玄関前を掃除することはあっても、会社でほうきを持って掃除することなど、考えにくいかもしれません。

ところが、毎朝、欠かさず会社の前を掃除した方がいます。A社の女性社員Iさんです。営業職のIさんは、入社後、現場に配属され、電話外交から営業活動をスタートしました。しかし、最初はどうしても契約が取れませんでした。もともと内気な性格の彼女は、電話による営業でお客さんの関心をうまくひきつけることができなかったのです。

ちょうどそのころ、私の人間力向上研修がはじまりました。彼女は私の研修に参加して、まず大きな決意表明をしました。

なんと、「個人向け国債の営業成績で同期ナンバー1達成！」と宣言したのです。成績が振るわなかった営業ウーマンが生まれてはじめて掲げた大きな目標。これは、私が過去に松虫中学で掲げた「陸上日本一」という目標に匹敵します。

そして、驚くことにわずか一カ月で彼女はその目標を実現したのです。しかも、最終的には全社の営業四百人中三位の成績を達成しました。Ｉさんはこう語ります。

「きっかけは、企業の社長さんたちが多く見学に来られる松虫中学の陸上部の練習を見に行ったことでした。生徒さんたちは、誰に指示されることなく、自発的にハードな練習に取り組んでいた。その姿を見て、ものすごく感動したんですね。中学生でも、あんなに自分で立派にやっているんだから、自分も頑張らないとダメだなと。それで、『同期ナンバー1』を支店で宣言したんです。いま思えば、柄にもなく大胆でした。なんの実績もないし、達成できるという確証はまったくありませんでした」

当初、成績が伸び悩んでいたIさんは、日課となる奉仕活動として、毎朝、会社の前を掃除することにしました。私の研修を受けて以来、彼女の支店では、支店長が中心となって全員で店の周囲を掃除することになり、彼女もチームの一員として参加したのです。

この活動で、彼女にいったいどんな心境の変化が起こったと思いますか？

「奉仕活動なんて、自分にとってもはじめてでしたし、毎日ひとつのことを欠かさず続けた経験もありませんでした。毎朝就業前の十五分間、会社の前と近くの陸橋を掃除することにしましたが、最初は恥ずかしかったですね。もちろん掃除をしている人なんて誰もいません。仕事に出かける服装で、一人でほうきを持って掃除するんですから。すれ違う人には必ず挨拶をすることにしたのですが、これもかなり恥ずかしかったんです」

彼女はこう振り返ります。不思議なことに、毎朝、掃除を続けていると、「いつも、たいへんやね」「毎朝、ご苦労さん」と、逆に声をかけてもらえるようになったそうです。

「それから、こちらも照れることなく大きな声で挨拶できるようになり、顔見知りになる方も増えてきたんです。挨拶だけの関係でも、毎朝、言葉をかけあうだけで、自分でも意外なほど元気が出てきます。自分が元気をもらっていると思うと、感謝の気持ちでいっぱいになるんですね。電話営業でも、自然とそんな気持ちになって話せるようになり、お客様と心から接することができるようになりました」とIさん。

相手に心から接する気持ちが、電話営業での口調に表れる。誠実な気持ちで話をすると、お客様も心から接してくれる。電話口でもお客様の心を察することができるようになり、お客様の心にチャンネルを合わせて話すことを心がけたそうです。

そんな彼女の心からの仕事ぶりが、高い目標を達成する成果につながりました。

家庭や職場での活動もさることながら、公共の場での奉仕活動は、思いがけないほど大きな心の変化をもたらしてくれます。

成果を生んだのはIさんだけではありません。全員で街の掃除をはじめてから一人ひとりが机の上を片づけるようになったのです。また、誰ともなく自宅の庭で咲いた花を持ってきて鉢植えに入れたり、店内にゴミが落ちていればさっと拾ったりと、店内も見違えてきれいになりました。

Ｉさんの上司である支店長からは「清掃がきっかけでチームワークや法令遵守の意識が高まったようです。お店の外に出て地域とのかかわりが増したこともあり、一日あたりの来店客数が三倍に伸びました」といううれしい報告が届いています。

いまでは、なんと近くの銀行でも、掃除をはじめる人が続出しているそうです。

支店長から率先して整理整頓する

繰り返しになりますが、松虫中学時代に私がもっとも力を入れていたことのひとつが、清掃活動と奉仕活動です。

身の回りをきれいにすれば、その場のすさみがなくなり、そこにいる人間の心もきれいに保たれるからです。家庭生活に限らず、仕事の場でもこれを実践すれば、自分ひとりが気持ちよく過ごせるだけでなく、同僚にもよい影響が広がっていきます。企業研修で出てきた職場の整理整頓に関する目標をご紹介しましょう。

「シュレッダーの回りの紙くずを掃除する」「社内の植木に水をやる」「業務終了後に、ホワイトボードをきれいにする」「社員全員の机を拭き掃除する」「毎朝、デスクの整理整頓をする」「帰社する前に、机をきれいに片づける」「毎日、会議室の掃除と整頓を行う」といったことなど、さまざまです。

こうした雑務など、アシスタントの女性や派遣会社の清掃員の方、若い社員がやればいいと思っているあなた。いますぐ考えをあらためてください。

リーダーが率先して社内の美化に努めれば、オフィスのムードは劇的に変わります。

A社のある支店長は、「毎朝、社員全員の机を拭く」「毎日、業務終了後にホワイトボードをきれいにして帰る」などを社内での日課にしました。

「社員には、家庭での日課と同時に、職場での日課も挙げてもらいました。まず、すぐに変わったのが、お店が見違えてきれいになったことです。必ず掃除を日課にするように決めたわけではありませんが、身近なところで日課を挙げさせると、みんな、ゴミを拾うとか、机をきれいにするということが、真っ先に出てきます。うちでは、副支店長が毎朝お茶を入れています。役職を問わず、みんなが自分の決めた日課に従って、奉仕活動をするようになりました。たったそれだけのことでも、働いていて気持ちがいい。社内の雰囲気がとても明るくなるのが不思議です」

毎朝、支店長が社員一人ひとりの机を心を込めてせっせと雑巾で拭き、副支店長がつつましくお茶を入れている会社。和やかな雰囲気が目に浮かびます。そしてチームワークが高まったこの支店は、四半期での営業成績の伸びが全社のトップに輝いたというから驚きです。

自分の心がきれいになるだけでなく、周囲の人も気持ちよく過ごせる。リーダーが自ら率先して社内の美化や雑務にかかわれば、ムードが一変する。お父さんが靴を揃えただけで、家庭の雰囲気が好転したのと同じ変化が職場で起こっているのです。

奉仕で磨かれる誰よりも早く気づく力

教員時代でいまだに忘れられない生徒の思い出があります。それは、ある女子マネジャーの成長ぶりです。当初、学校に来るのが苦手だった彼女を陸上部に勧誘し、奉仕活動、清掃活動や態度教育を徹底しました。その結果、生活態度が一変して、学校に楽しく通えるようになったのです。

もっとも強く印象に焼きついたのは、彼女の驚くべき気配りです。中学の陸上部には練習見学に来る方が多く、私は、来客者に一時間おきに飲み物を用意するよう指示していました。中でも、彼女の配慮には感心したものです。

というのも、まず彼女は学校近くの自動販売機をひとつずつチェックして歩き、町内で買えるすべての缶コーヒーを味見したのです。そして、缶コーヒーの味と濃さをすべて把握した上で缶コーヒーを選ぶようになりました。

夏はのどが渇くので、コーヒーは味の薄いものから配り、二度目に出すときには、より味が濃いものを選んでいたというのです。逆に、冬場は濃いものから選んでいたそうです。私自身は彼女の繊細な心配りに気がつかず、たまたま見学に来ていたある会社の社長さんに、彼女のことを指摘されて知りました。

奉仕活動で心がきれいになるひとつの理由は、感謝の気持ちを実感できることです。毎日、家庭でお皿を洗えば、これまでずっと洗い続けてくれた人の苦労を、身をもって感じることができます。そして、自然と感謝の気持ちが芽生えてきます。

感謝の気持ちを強く意識できる人ほど、心から人に接することができる。他人に対する細かい気配りができるようになる。

彼女がそれをあらためて実感させてくれました。

こうした奉仕の精神が従業員一人ひとりに行き届いている好例として、高いレベルのもてなしで知られるホテル、ザ・リッツ・カールトン大阪が挙げられます。以前、仕事のスタッフと一緒にこのホテルを利用した際に、とても感銘を受けたことがありました。

その日は、ラウンジで簡単な打ち合わせを終えた後、すぐに部屋に入って休みました。翌朝、フロントに集まると、そのスタッフが「やっぱりリッツ・カールトンはすごい！」としきりに感心しているのです。

聞けば、前の晩、従業員が彼の部屋にやって来て、「お風邪を召しているようですから」と、わざわざホットレモンを届けてくれたといいます。確かに、彼は少し風邪気味でしたが、そんなことを従業員が知るはずもありません。彼は非常に驚いて、どうしてわかったのか従業員に尋ねました。

その従業員によると、私たちがラウンジで打ち合わせをしているときに、そんな話をしていたのを小耳にはさんだ、そして、自らの配慮でホットレモンを部屋まで用意したとのことでした。

リッツ・カールトンは、顧客をもてなすためであれば、一定の金額が自由に使えるほどの権限を現場に与えています。従業員は、自分の判断で自由に行動できるように教育を受けているのです。いわば、全員が自立型人間に育てられているわけです。マニュアル頼みの仕事では、こんなサービスは絶対に生まれてこないでしょう。

女子マネジャーの例と同様に、奉仕の精神が磨かれてくると気づく力が高まり、他人に対して細やかな配慮ができるようになります。リッツ・カールトンの心にまで踏み込んだ人材育成が、柔軟で細やかなサービスを生んでいるのです。

極論するならば、この世のあらゆる仕事を成功させる秘訣は、相手の心にチャンネルを合わせることだと思います。

人に心から喜んでもらえる製品とは何なのか。どんなサービスを提案すれば、人の心を強くつかむことができるのか。どのように商品をアピールしたら、多くの人の心に響くのか。ターゲットとなる年代は、どんな気持ちを抱いているのか――。

仕事でも生活の場でも、誰かに奉仕することを実践すれば、相手の心に目を向けることができます。そうすることで、直接的なサービスを提供する仕事だけに限らず、すべての仕事に通用する気づきと発想力が養われるのです。

イチローは夜遅く食べません

奉仕的な日課を生活習慣として組み込むことで心を高める方法についてご紹介してきましたが、生活に目配りをする上で絶対に忘れてはいけないことがあります。それは健康管理です。奉仕に加えて健康維持につながる習慣を、日課として設定できればベストでしょう。

欧米のビジネスマンが日本のホテルを利用して困ることのひとつは、フィットネスジムが二十四時間利用できないことだと聞きます。二十四時間利用のフィットネスジムは、世界のトップビジネスマンの間では常識です。プロ意識が高いビジネスマンほど、誰よりも自分の健康管理に注意しています。

フィットネスジムで体についた脂肪を燃焼させるとともに、筋肉を鍛えて強靱《きょうじん》で健康な体をつくるのです。筋力アップは人間の活力を高めてくれます。また基礎代謝（眠っているときでも自然と脂肪を燃やす）を高め、脂肪燃焼に役立ちます。

プロ意識が高ければ高いほど、オフでも自ら体を鍛える時間をつくり、次なる仕事に備えて当然なのです。

米国では、健康診断のデータで決められた基準値をクリアできなければ、管理職として不適格とする企業もあります。自分の健康も管理できない人に、部下を管理できるはずがないという考え方でしょう。もちろん、健康を損なっていては、よい仕事もできません。

プロ意識の高さで、感心させられるのがイチロー選手です。イチローは夜十時を過ぎると、一切食べ物を口にしないとか。プライベートではもちろんのこと、自分が主賓として招かれたパーティーで、食べ物をすすめられたとしても必ず断るのです。不必要に脂肪を蓄積したり、胃に負担をかけて翌日に持ち越すことのないように配慮しているわけです。

また、人気女性歌手、幸田來未さんも撮影日の前日は午後六時以降に食事をとらないそうです。体が資本であるプロスポーツ選手や有名タレントが、健康に人一倍気をつけるのは当然ですが、働く人は誰でも、体が資本。要は、その意識の高さが問われます。一流のビジネスマンほど、その意識が高い。高いプロ意識にはオンもオフもありません。

日本のホテルでフィットネスジムが二十四時間利用できない理由はもちろん、深夜・早朝のニーズが低いからです。どんなに仕事が多忙でも、深夜に軽く汗を流すか、早朝にひと泳ぎしてから仕事に行くという発想がないのでしょう。日本人ビジネスマンの仕事に対するプロ意識が、健康管理にまで行き届いていないことが、これではっきりとわかりますね。

人間味のある生き方モデルを描こう

学校ではよい先生で通っているのに、家庭では自分の子どもとうまくいっていない。会社では、優秀なチームリーダーとして好業績を上げているのに、家では尊敬もされない。それはたいへん残念なことです。

もし、そんなことがあるとするなら、何かが間違っています。いずれその矛盾がほころびとなり、必ずや大きな問題に発展すると思います。そして、その間違いを正すカギは、まず生活にあるはずです。

私はこれまで、数万人にもおよぶ生徒たちとその父兄や大人たちを見てきました。

多くの場合、問題を抱える生徒たちの原因のほとんどは家庭生活にありました。それは、とりもなおさず、親が生き方モデルを示せていないということです。生徒たちの手本となる大人、手本となるリーダーが周囲にいなかったのです。

そもそも、手本となるとはどういうことなのでしょうか？

私は教員時代、理想的な指導者とは何かをずっと考えてきました。まずは陸上競技の優秀指導者、オリンピックの金メダリストを育成した監督たちです。そのほかに人を集めるのがうまい人たち、自ずと人が集まってくる人たち、人を育てるのが上手な人たちは誰か。こうして目をつけたのが企業の社長さんです。

そこで、経営者のための勉強会に参加してみました。中学教師には場違いという不安もありましたが、思いがけないほど、大きな収穫を得ることができました。教師と経営者は人を育てる教育という点において、実はまったく同じだということを確信したのです。

多くの社長さんたちと話す中で強く感じたのは、みな魅力的な人間だということです。どの方も自信と強い信念を持っていることに共感しました。そうした経営者はオーラやカリスマ性を放ち、自分の志や生きざまが魅力となってにじみ出ています。

生活も仕事も含めた、その人の生き方のすべて、人柄や人格そのものが、人をひきつける魅力になっているのです。これは、私が同じ指導者という立場にあり、真剣に日本一を目指して苦闘していたからこそ、強烈に実感できたのかもしれません。

勉強会に集まる経営者の方々の職種はバラバラですから、経営のスキルや個別の業務知識を教わっても私にはわかりません。ただ、私が感銘を受けたのは、社長さんの多くが、「自分の人生はこうありたい」「自分の生活はこうあるべきだ」「こんなふうに生きていきたい」「仕事とはなにか」「生きがいとはなにか」という人生におけるあるべき姿、確固たる生きざまを、熱く語れることです。

その延長線上で、「こんな形で社会に貢献したい」「社長としてこんな会社にしたい」「こんなふうに社員を育てていきたい」という言葉が出てきます。つまり、個人の人間観、人生観、生活観、人生における生きざま、思い描く将来の理想像、それを貫くための理念が、そのまま企業のあるべき姿へと体現されているのです。

彼らが仕事に精通していることはもちろんです。しかし、何より注目すべきは、熱き思い、夢、志を持ち、仕事を通して社会に貢献することを真剣に考え、熱く語る多くの言葉を持っているということです。これが彼らの魅力です。

「自分もこの人のようになりたい、こんなふうに生きたい」と、心から思いました。自分が探し求めていた大人＝社会人としてのひとつの「生き方モデル」がそこにあったのです。

多くの人は生き方モデルを求めています。人は魅力的な生き方モデルにひかれるものです。経営者に限らず、上に立つ人間は生き方モデルを目指すべきです。そしてすべての大人は、子どもにとっての生き方モデルであるべきなのです。

仕事も人生も充実させる工夫を

いったい、どんな人間がリーダーとしてふさわしいのでしょうか。私が研修を実施した企業のビジネスマンに聞いてみると、その答えはさまざまです。

「自分を成長させてくれる人」「モチベーションを高めてくれる人」「いつも自分に、やる気や元気を与えてくれる人」「自分の能力をきちんと認めてくれる人」「心から信頼できる人」「責任は全部俺が取る！　黙って俺について来い、みたいな人」など、人それぞれに理想があります。

ビジネスの現場に限らず、広い意味でリーダーにふさわしい人間をひと言でいうなら、私は生き方そのもの、人生そのものがお手本になる人だと確信しています。前述した通り、生き方モデルになれる人です。

少し話は飛びますが、欧米では人材を最大限に活用するビジネス戦略のひとつとして、仕事と生き方のバランス、すなわち「ワークライフ・バランス」に重点を置く企業が増えています。社員の生活を手厚く支援することで、社員一人ひとりの生産性を高めようという考え方です。

フレックスタイム制をはじめ、生活と仕事のバランスが図れるように好きな時間に働ける裁量労働制、保育サポートに介護サポートなどはそのための制度です。

中には、妻の出産にともない、父親に八週間もの長期有給休暇を与える企業もあります。生活を充実させることは社員の生産性を向上させ、結果的に企業の利益につながることにあらためて気づいたからでしょう。

しかし、ワークライフ・バランスの発想は企業側の利益向上というだけでなく、ビジネスマン、ビジネスウーマンである一人ひとりが自分のために持つべき考え方です。仕事に対する意識が高い人ほど、自ら生活を律し、改善点があれば、少しでもよい方向に向かうよう努力するはずです。

家庭生活が乱れている生徒は、勉強にもクラブ活動にも身が入らない。私の教師生活での経験を思い起こせば、仕事と生き方のバランスが重要だという考え方は、実は、あらためて口にするまでもない、ごく当たり前の発想です。しかし、その当たり前のことに気づかない大人が実に多いのです。生き方すべてがモデルになるような大人が少ないのです。

業務が多忙な上に、生活の充実を図れるような理想的な制度が会社にないと反論する人もいるでしょう。しかし、時間的な制約がある中でも、生活の小さな改善をきっかけに、家庭生活が充実し、仕事に対するモチベーションや能力も高まっていくことは、ここまで紹介した通りです。

現状に不満を抱く前に、自らの生活を見直し、仕事と生き方のバランスを図る努力を継続してください。うまくバランスを保ち、さらによりよい方向を追求し続けられる人が、みんなのお手本となるリーダーのあるべき姿です。

二時間目

理念と目標を掲げる

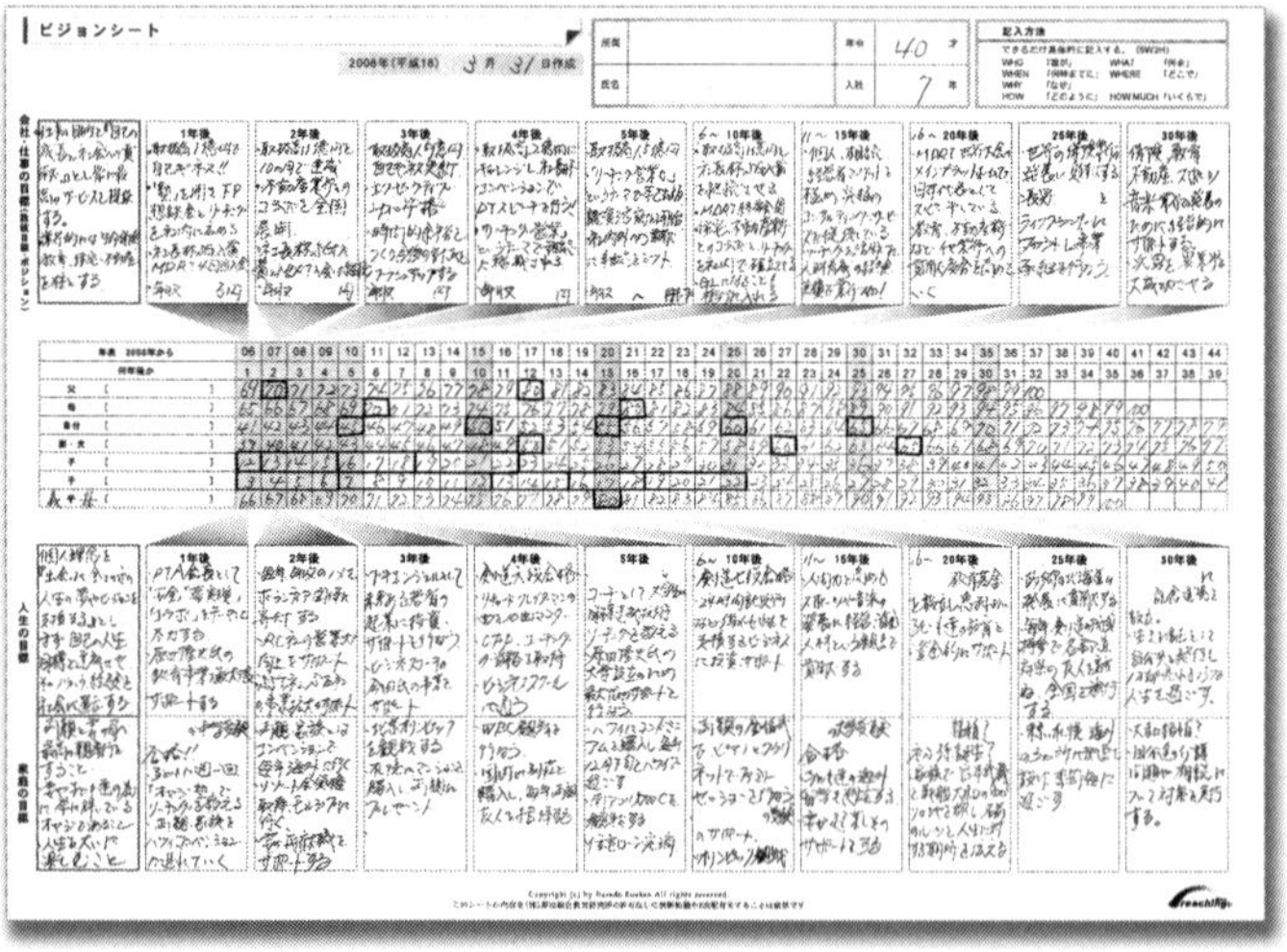

ビジョンシート
2006年(平成18) 3月 31日作成
所属
氏名
年令 40 才
入社 7 年
記入方法
できるだけ具体的に記入する。(5W2H)
WHO「誰が」 WHAT「何を」
WHEN「何時までに」 WHERE「どこで」
WHY「なぜ」
HOW「どのように」 HOW MUCH「いくらで」
会社・仕事の目標(数値目標・ポジション)
1年後
2年後
3年後
4年後
5年後
6～10年後
11～15年後
16～20年後
25年後
30年後
年表 2006年から
何年後か
人生の目標
家庭の目標

人間はみんな、死刑囚です

一時間目は、ごく身近な日常生活の改善を提案しました。二時間目は、仕事と生活において、自分がどうあるべきか、どう生きるべきかを考える時間です。

テーマは、仕事にも生活にも通じる理念、つまり人生の理念について。理念なくして、よりよい人生などありえません。その理由を考えながら読み進めていきましょう。

理念を考える上でまずお伝えしたい話があります。刑務官として長年、死刑囚と無期懲役囚を観察してきた友人から聞いた興味深いエピソードです。

彼によれば、刑務所で充実した生活を送るのは意外なことに無期懲役囚よりも死刑囚だというのです。普通に考えれば、死を宣告されたほうが、自暴自棄になって問題を起こすと考えがちですが、実際はその反対の場合があるそうです。

無期懲役囚のほうが、獄中で毎日だらだらと過ごしては、しょっちゅう問題を起こすというのです。一方、死刑囚の中には目をギラギラと輝かせて、これまで文字など書いたこともなかった人が執筆をはじめたり、一心不乱に絵を描きはじめる人もいるそうです。

なぜだと思いますか。

彼ら死刑囚の人生には、期限が与えられているからです。死ぬまでの期限を切られた人間は、これまでの人生を振り返って、「自分はこれでいいのか？」と真剣に自分の人生と向き合うようになります。

死刑囚は、刑務官や宗教家による精神的な指導を受けて、残された時間で自分のあるべき姿を必死で追い求めようとするのです。一刻一秒も無駄にするまいと、何事にも必死で向き合い、あるべき姿に向かって突き進まずにはいられないのです。そして、別人のように生き生きとしはじめます。

死刑囚に限らず、人間は期限を切られてはじめて、わが身を振り返ります。自分のあるべき姿、自分の人生の理念を求める強い動機を得るのです。死は人間にとって逃れられないものです。誰もがいつか死ぬ。ある意味で、人間はみんな、死刑囚です。

死生観を意識することが、充実した人生を送ることにつながり、仕事や人生の理念を求める出発点になるのです。

「あなたは死刑囚なんです！」

こういわれても、ピンと来ない方は、ぜひ家族の年表をつくってください。お父さん、お母さん、自分、配偶者、お子さんの将来を、一つの年表に記して、進学、就職、結婚、離別、出産といった人生の大きな節目を刻んでみる。それを眺めていると、ぼんやりとしていた未来が鮮明に見えてきます。と同時に「自分の人生って、あっという間やないか」と気づくはずです。

この死刑囚の話は、企業研修でたびたびテーマとしてきました。今後十五年、三十年の目標といった家族も含めた年表「ビジョンシート」を書かせると、みんな、途端に目の色が変わります。そして、自分の人生の理念を必死で考えはじめるのです。

年表を見て、進学、就職、結婚…など家族にとって節目となるイベントに○をつけると、○が重なる年度が見えてきます。たとえば長女の大学進学と自分の退職が同じころだというように。

○が重なる所は人生において大きなエネルギーを必要とします。貯蓄などの金銭的な備えはもちろんのこと、精神的な備えも必要です。

人生において厳しくなるリスクのある局面ですが、事前にイメージができていれば、きちんと準備ができます。しかるべき備えがあれば、結果的に難しい問題も乗り越えられるのです。

理念とはなんぞや？

いまやあなたは死刑囚です。

三十年ビジョンシートを眺めれば、自分の理念を求めて動き出さずにはいられない。時間は刻々と過ぎていきます。

さて、何を手がかりにして、理念を考えればよいのでしょうか？

そもそも、理念とはいったい何でしょうか？

私が尊敬する吉田松陰先生の例から考えてみましょう。

一八三〇年、山口県萩市に生まれ、幼少のころから天賦《てんぷ》の才を発揮し、十代にして、藩校明倫館で講義を受け持ちました。藩主の前でも講義し、多くの生徒を教えました。折しもペリーが浦賀に来航して、開国を迫り、幕末の大動乱期を迎えます。そこで松陰先生は、日本の国を思いやる一心で、海外の事情を視察、研究するためにアメリカの軍艦に便乗しようと企てますが失敗。一説には先生自らが軍艦に乗り込み、司令官を切ることが目的であったとも言われています。

その後、萩へ送り返されて入獄。しかし先生の思いは枯れません。謹慎中ではありましたが、日本の国の将来を憂う気持ちから猛烈に勉強し、松下村塾を開設します。そして、高杉晋作、伊藤博文、山県有朋など明治維新の中心人物を、わずか二年半という短期間で育成輩出したのです。

それは松陰先生の国を思いやる強烈な「思い、志、理念」があってこそ成し得た奇跡でした。二十九歳にしてその輝かしい生涯を閉じましたが、常に自己を見失うことなく、至誠を貫き通した生き様は、今日においても新鮮な魅力をたたえ、私たちの心を揺さぶり続けます。

理念がないままに、真の目標を見つけることはできません。理念が定まってはじめて、目指すべき目標が、次々と見えてくるのです。目標が定まれば、あとは、そこへ向かうために、日々何をすべきかを考え抜く。試行錯誤と軌道修正を繰り返しながら、日課をこなしていく。理念がすべての出発点なのです。

しかし、根っことなる理念がなく、基軸がフラフラしていると、目標には絶対に到達できません。理念とは、目標に向かって日々上る階段を、しっかりと支える柱だからです。仕事にも理念を持ってのぞめば、なすべきことが次々と見えてきます。

松井秀喜と宮里藍の共通点

私は長年、スポーツ指導者として、さまざまなスポーツ選手に着目してきました。その視点からいうと、世界のトップアスリートたちはみんな、優れた技術とともに、個人の確固たる理念を持っています。理念が彼らをトップに導いているといっても過言ではありません。

「常に大きな夢を持って生きていたい。野球人としてだけでなく、この星に暮らす者としての責任と自覚を持つこと。それが自分の生き方です」

これは、ヤンキースの松井秀喜選手の生き方、彼の人生の理念を物語る言葉です。この言葉に照らして彼を見れば、彼の言動や行動は、すべてそこからはじまっていることがわかります。松井選手は、子どもたちの憧れの選手となれるよう、一挙手一投足に注意を払い、いつも彼らの視線を意識してきたといいます。

松井選手の父親はベトナムの学校に、ずっと奨学金を寄付してきましたが、松井選手はそこに通う子どもたちの里親になりました。「この星に暮らす者の責任と自覚」という生き方に恥じないような行動をしてきたのです。彼の人生の理念が、選手として、また個人としてのあり方をつくっているわけです。

女子プロゴルファーの宮里藍選手は、ご存知の通り国内女子ツアー史上三十年ぶりのアマチュア優勝を飾り、プロに転向してからも破竹の勢いで勝ち星を重ねてきました。ついに、米女子ツアー予選をダントツのトップで通過し、世界に挑みます。

彼女の優勝スピーチの中でよく聞かれるのが、「プロのゴルフプレーヤーである前に、一人の人間として、尊敬されるような人になりたい」というコメントです。トーナメント会場のギャラリーの前だけではなく、ゴルフコース以外のいかなる場でも、素の人間として尊敬されることを目指しているのです。このコメントも彼女の生き方や、人生の理念を表明したものです。

二人のコメントで注目すべき点は、プロスポーツ選手としての活躍にとどまらず、一個人としての自分のあるべき姿を公言していることです。人生の理念を持つことは、仕事でも生活でも、生きる姿勢を一貫して保つ指針を持つということです。仕事と生活のバランスを保つためにも、人生の理念は欠かせないものなのです。

すべては思いから生まれる

ここで質問をしたいと思います。

あなたの身の回りにあるすべてのモノはどのようにして生まれたか、ひと言で説明してみてください。

ペンや机、カバン、イス、テーブル、携帯電話、パソコン、テレビ、ＤＶＤ（デジタルビデオディスク）――。

あらゆるモノの起源をひと言で説明することなどできない。そう思うかもしれませんが、答えは意外と簡単です。モノの起源は、人間の「思い」にあります。この世にある人間がつくり出した物はすべて、人の思いから生まれているのです。

トヨタ自動車の渡辺捷昭社長は、「環境社会報告書二〇〇五」で次のような思いを掲げておられます。「走れば走るほど空気が綺麗になる車」「人を傷つけない安全な車」「情報の受発信基地となる車」「乗ると健康になる車」――。

素晴らしい夢、思いですね。

「そんなもの実現できるはずがない」とバカにするか、「いったい、どうすればそこへたどり着けるのか」と必死で考え抜くか。

その差はとてつもなく大きいのです。

考えてみてください。平らな道を高速でなめらかに走る乗り物、大空を自由に飛びまわる乗り物。前時代の人にとっては、夢のような話に思えたはずです。しかし、偉人たちは自動車や飛行機を発明しました。

白熱電球を発明したエジソンは、数多くの失敗を経て日本の竹をフィラメント（細い糸）に加工し、人類初の偉業を達成しました。しかし、この前人未到の画期的な発明が大成功した瞬間、エジソンはまったく驚かなかったといいます。

彼の頭の中には、すでに完成した電球の完璧なイメージがあったからです。完成前にイメージの中で十分に成功していたのです。完成のイメージができた！　その瞬間、すでに大きな感動を味わっていたのでしょう。

つまり、イメージをどこまでも鮮明に描ききれば、実現できないことなどありません。思いはかなう。いつか必ず実現できるのです。

相対性理論も日誌から

ここまでの話で、生活にも仕事にも通じる人生のあるべき姿、理念の大切さが理解できたと思います。しかし、頭では理解できるけれど、いったい、どうやって理念をつくればよいのか。その方法がわからないという声も多いでしょう。

理念を構築するためのエクササイズについては後半であらためてご紹介しますが、その前に、まず、おすすめしたいのが日誌を書くことです。

「自分が知る限りにおいて、何かを成し遂げた人間の共通点は日誌だった」

これは、天才物理学者アルベルト・アインシュタインの言葉です。

かつて、金メダリストたちの行動を調べたときに、「日誌を書くこと」がその共通点として浮かび上がりました。しかし、スポーツのみならず、アカデミックな研究においても、日誌が重視されていたのです。もちろん、私の研修でも目標を達成するために、欠かせない作業だと位置づけています。

日誌こそ、自分自身を映し出す鏡であり、自分の人生理念を探る上で、最良の手段です。理念や価値観を見つけるためには、それについて、毎日、毎日、自分自身と向き合い考える習慣をつけなければなりません。

「考える時間」を自分の生活習慣に取り入れることから、はじめてみましょう。その意味でも、日誌が大切な手段なのです。

毎日二十分間、日誌を書くと決める。最初は抵抗もありますが、とにかく二十分間書いてみる。まず、書くという習慣を身につけることが大切です。

そして、仕事のこと、生活のことなど、その日の自分自身を振り返りながら、ものを考えるという習慣を重ねていきます。自分の理念を模索しつつ、こうした作業を繰り返している間に、仕事や生活でのあるべき姿や価値観、その両方に通じる人生の理念が、自然と浮かび上がってくるのです。

日誌でアタマを仕分けする

日誌をつける際には、ひとつ注意点があります。その日の出来事を感情にまかせて徒然《つれづれ》なるままに綴った日記になってはいけないということです。とにかく何かを書くという習慣が身についたなら、より自分自身を見つめるための手段として、日誌を最大限に活用します。

私の指導では、日誌を使って一日の終わりに、その日できたこと、できなかったことを○と×で仕分けする作業を徹底しています。前日に列挙した行動予定のうち、その日にできたことに○、できなかったことに×と、毎日仕分けをしていくのです。○は自分自身の強みや自信となって、積み重なっていきます。×がついたものは、なぜできなかったのかを検証します。さらに、どうしたら○にできるのかを考えて、翌日の具体的な行動目標として組み立てていくのです。

「できた」「できない」を○×で仕分けする作業は、自分の頭を仕分けする作業でもあります。自分の強みは何なのか、そして改善すべきところは何で、どのようにすれば成功できるのかを繰り返すことで、自分自身が見えてくるのです。

前述したD社の研修で、日々の行動予定の○×チェックを体験した人は、目標に対する意識が鋭くなってきたことを実感しています。

「これまでも、ウチでは仕事に対する目標を紙に書いて提出するということは、半年に一度くらいの割合で行われてきました。でも、とりあえず書かなければいけないから書いているという程度で、書いたことをいつも意識して仕事をしていたわけではなかったんです。しかし、毎日の行動計画を立てて、小さなステップをこなしていく作業を繰り返していくうちに、目標に対する意識が鋭くなってきました。日々、何をしなければならないのか、いつも頭の中でグルグルと回っているんです。日誌に書いて自問自答するときだけでなく、どうしたらよりよく日々の仕事をこなしていけるのか、常に意識できるようになったんです」

また、営業活動に際して、こんな体験談もありました。

「日々の小さな行動計画を立てていくと、すごく些細なことが、自分の心に焼きつけられていくようになりました。同時に、すごく小さなところにも気が回るようになったんです。たとえば、お客さんのところに訪問する際、どんな経路で行くのがベストなのか、どんな話から入っていこうか、こんなことを聞かれたらどう対応しようか、受付に行く前にネクタイを締め直すように気をつけようとか、細かいところに気が回るようになりました。それまでは、ぼんやりとして気づかなかったことを、とても鮮明にイメージできるようになったと感じています」

一日二十分と決めた日誌の習慣は、明日の仕事を充実させるための意識づけときっかけづくりにもなるのです。

自分のあるべき姿が浮かび上がる!

人生の理念は、血眼《ちまなこ》になって追い求めなくても、日誌に自分を映し出す作業を重ねるうちに、自然と形づくられてきます。日々、自問自答を繰り返した末に、浮かび上がってくる人生理念は人それぞれですが、具体的にどんな理念を抱くようになったのでしょうか。

ここで、日誌を継続した営業マンの体験談をご紹介します。みんな、自分のあり方、生き方についての質問に対し、すぐに即答してくれました。

「仕事の中で、自分の目標のひとつにすえたのが、相手の人格に敏感になるということです。それは営業先も含めて、社内でも同様に意識してきたことです。そうしたことを意識していると、仕事でさまざまな人と会う際に、人格を無視する人や、人を傷つけることを平気で言う人が、意外と多いことに気づかされたんです。あからさまに言葉にしていなくても、やはりそれは態度に表れる。そういったことを重ねているうちに、自分は『どんな人に対しても、その人格を尊重できる人になりたい』と、強く思うようになりました。人生理念というと大げさかもしれませんが、これが自分の信条となりましたね。この信条は生活においても、新たな人生プランをもたらしてくれました。うちは子どもがいないんですが、将来余裕ができたら、里子制度とかボランティア活動とか、そうしたところで尽力しようと考えているんです」

また、別の営業マンは、こう語っています。

「生涯現役。私は死ぬまでそうありたいと強く願うようになりました。日々の予定を立てて、コツコツとこなしながら、一歩一歩着実に前進していることが毎日実感できると、それだけで自信もわいてきます。会社生活も十数年を経ると、身につけたいと思うことがあっても、なかなか頭に入ってこないものだと、自己完結していた部分があったんでしょうね。でも、日々小さな自信を積み重ねていくうちに、何歳になっても自分の心がけ次第で成長できるんじゃないかと、思えるようになったんです」

これらはまさしく、仕事と生活を結びつける素晴らしい生き方です。仕事にも生活にも通じる一貫した姿勢を感じます。

日々の仕事や家庭生活を日誌で振り返り、明日を充実させるためのより良い方法を考え、実践していく。この繰り返しの上に、自分を生かすための生き方や、自分らしい仕事、そして生活の過ごし方が浮かび上がってくるのです。

堅苦しく考える必要はありません。理念は日常生活の振り返りと自分のあるべき姿を意識することから生まれます。

リーダーが率先して日誌を活用しよう

日誌は、個人だけでなく、チームや組織、企業でも大いに活用できます。

ただし企業で日誌を導入する際には、まずリーダーが率先して行うことが肝心です。いきなり日誌を導入しても、経験を踏まえた指導者がいなければ、日誌の意義づけに説得力がないからです。ですから、まず指導者層から日誌の効果を体験した上で、書き方のコツや勘どころを伝えていくことが大切です。

こうして日誌を導入した後、その効果を高める上で重要なポイントは、それを的確にチェックできる人がいるということです。日誌は、単に仕事のノルマの進捗《しんちょく》をチェックする道具ではありません。日誌をチェックする人は、精神的な指導者として、心に元気を与えるための赤ペンを入れてあげることが大切なのです。その意味でも、指導者自身が日誌の効果を体験しておく必要があるのです。

精神的指導者のことをメンターといいます。表面的な仕事の進捗のみならず、メンターとして日誌をチェックできる人がいれば、日誌の効果はより高まります。

日誌を導入したA社の人事部長は、チェックすべきポイントについて、こう語ってくれました。

「日誌で重視しているのは、まず仕事の目標を達成するための、具体的な行動とその行動目的を明記してもらうことです。目標に対する結果だけで評価するのではなく、そこに至る具体的なプロセスに着目しています。日々の仕事のプロセスの中で、その人の得意な部分は何か、つまずいているところがあれば、何が原因となっているのか。そうしたところに重点を置くことで、部下の仕事ぶりを深く知ることができる。これが、非常に大事なんです。ですから、部下とのコミュニケーションツールとしても、とても有効に機能しています」

さらにこの会社では、日誌を担当上司だけでなく、みんなにオープンなものとして位置づけています。これも非常に大切です。

「日誌は見やすい場所に保管することを各支店に伝えていますし、役員にも支店を回る際には、日誌を確認するよう伝えています。そこでなんらかのアドバイスができれば、さらに仕事の精度が高まるはずです。コミュニケーションツールですから、そこにできるだけ多くの人がかかわるように努めているのです」

赤ペンを持ち指導者の思いを込めて文字でかかわること。日誌をできるだけオープンにしていくこと。この二点が、企業で導入する際に欠かせないポイントです。

われわれ現代人の多くは心の中で「満足感、充実感、達成感がほしい」「わかってほしい」「居場所がほしい」「かかわってほしい」「癒《いや》されたい」と思っています。特に他人とのコミュニケーションが苦手な若者には顕著です。

日誌は赤ペンという文字を通じて上司が部下の心に触れること、かかわることを意味します。新入社員の離職率が高かったある金融機関では、入社直後から約三カ月、百日間にわたって日誌指導を徹底したところ、その年の新入社員の離職者が激減したそうです。新入社員に尋ねてみると「会社や上司に育ててもらっていると強く感じる」「社会に出た不安も、日誌の赤ペンでの励ましやアドバイスで解消された」「日誌は何度も読み返すことができるので、悩んだときは過去のページや同僚の日誌を見ながら勇気と元気をつくり出している」といった力強い反響があったそうです。

目標達成には秘訣があります

毎日の生活を充実させるためには、死生観を持つことを、不測の事態に備えるためには、家族の年表であるビジョンシートを掲げること、心と頭の整理には日誌を活用することなどを提案してきました。

これは人生に対する時間軸を、きっちり把握するということなのです。この考え方は、いかなる目標を立てるときも同じです。それは、達成目標までの時間軸となる期限、すなわち横軸を、まず意識して定めるということです。

ここで問題となるのが、目標の立て方です。期限を切っても、その期限内に絶対に達成できないような目標では意味がありません。

そこで、目標に対して時間という横軸を定めたのと同様に、達成目標に対しては縦軸を設けるのです。この縦軸とは、目標に対する難易度で、目標に対して幅を与えて考えてみるのです。

つまり、こういうことです。まず、いまの自分の力や根拠を抜きにした、夢のような目標となる最高の目標を定めます。次に、最低の目標も同時に定めます。いまの力でもこのくらいはできるだろう、それができなければ話にならないという最低の目標です。最後に、その中間となる目標を設けるのです。

これが目標に対する難易度を示す縦軸となります。そして、この縦軸の幅を目安として、今回の目標を考えるのです。こうすれば、今回の目標が自分の力の中で、どの程度の難易度になるかが一目瞭然《いちもくりょうぜん》となります。

さらに、今回立てた目標の最終期日に対して、その途中経過で達成しておかなければならない途中経過の目標（期日目標）をいくつか立てます。もし、期日目標を立てた際に、目標へ少しずつ向かっていく自分の姿が鮮明にイメージできなければ、今回の目標を見直す必要があります。

繰り返しになりますが、人はイメージできないものにはなれません。イメージできないことは実現できません。

目標設定において避けたいことがひとつあります。立てた計画を実行する途中で、これは無理だとあきらめて、安易に目標を下方修正してしまうことです。目標設定でもっとも大切なポイントは、「活動をスタートしてすぐに目標を下方修正しなければならないような安易な目標を設定しない」ことなのです。

最終期日を設けること。目標に三段階の幅を持たせて考えること。下方修正をしないこと。この三つが目標を達成するポイントなのです。

では、こうした目標設定が、どのように心理的な好影響をおよぼすのか。ある研修生が体験を語ってくれました。

「これまで、自分の仕事の中でも当然、達成目標は立てていました。でも、立てた目標が途中で実現不可能になってくると、あきらめるしかない。そんなことを繰り返しているうちに、いくら目標を掲げても、最後にはできないものはしょうがないと、自分で自分を納得させてしまうんです。そのことに、気がつきましたね。ところが、目標に三段階の幅を持たせて、今回の目標を定め、しかも下方修正できないとなると、目標に挑む現実感がまったく違ってくる。期日目標も、もっと入念に考えなければなりません。もし最悪でも、最低目標はクリアしなければならないという最低のラインがあることも、目標にのぞむ気持ちを後押ししてくれました。こうして目標にのぞむと、最高の目標にはたどり着けないとしても、中間の目標がはっきり見えてくるようになる。次に目標を立てるときにも、目標をどのあたりに定めるのか判断できるようになるんです」

こうした目標設定を重ねていくうちに、これまで悪い方向にばかり考えていた自分の考えと取り組む姿勢が好転していきます。自分自身のレベルを正確に把握した目標設定ができるようになり、的確な期日目標が立てられるようになる。目標に挑む自信も増していくのです。

すべて準備すれば失敗するはずはない

話は変わりますが、女子プロゴルファーのミシェル・ウィーは、日本の男子ツアーのトーナメントに初参戦したとき、予選落ちとなりました。試合後のインタビューで、彼女はギャラリーのシャッター音で集中力が乱れたせいだと話していたのが印象に残りました。

私に言わせれば彼女の発言は、プロとしての準備不足だと思います。シャッター音のトラブルは何度も経験しているはずだし、事前にいくらでも対策を考えられる。シャッター音に乱されない集中力を養ったり、仮に乱されたとしてもやり直す方法を考えておくこともできるはずです。

こんな話もあります。ヘルシンキで行われた世界陸上で、短距離走のスタートに失敗した選手がインタビューで、こう漏らしていたのです。「スターターのフィンランド語がわからなかった」と。これも完全な準備不足です。

「この日のために、準備をせずにのぞんでしまいました」と認めるようなものです。トップアスリートなら、ありとあらゆることを想定し、準備して挑むべきです。

松虫中学の選手たちは大会に必ず大きなカバンを持っていきます。晴れの日でも雨ガッパ、折り畳み傘、着替えの下着、そしてカイロまでもが入っているからです。

試合の前日になると翌日の天気が気になるので、てるてる坊主をつくる選手も多くいます。松虫ではてるてる坊主は禁止です。明日の天気はてるてる坊主をたくさんつくっても変わりません。「その代わりに明日の天気を予測しろ。そしてすべて準備しろ」と教えてきたのです。

降水確率がゼロパーセントでも、万が一、十万分の一の確率でも雨が降ったらどうするか、という問いを自分に投げかけ、明日のために自分でできることをすべて準備するのです。

明日のこと、先のこと、そして未来のことを漠然と考えると、私たちはだんだん不安になってきます。その不安を解消するためには、未来のできることへの準備しかありません。しっかり準備すると、あるとき、心の中の不安が自信に変わります。それを平常心と呼びます。平常心でのぞめるからこそ、松虫の選手は本番での大逆転劇や、奇跡の勝利を数多く演じてきたのです。

カバンが大きい、すなわちしっかりと準備をしている、だから平常心でのぞめる、そして確実に結果を出せる、という仕組みです。これができる人だけをプロフェッショナルと呼びます。

達成したい目標が定まったなら、「ここまでやるか」というくらいに準備する。そして、できることから、しらみつぶしに毎日クリアしていく。クリアしていくうちに、また新たな問題が浮上する。それを解決するには何をすべきかさらに列挙して、次なる課題に加えていくのです。
○時間目でも触れましたが、私たちの心は常に整理しておかなければ過去の失敗にとらわれてしまいます。新しい目標に向かおうとしても「どうせ無理」とあきらめて、ブレーキをかけてしまうのです。過去の失敗をいつまでもクヨクヨせず切り捨て、心と気持ちを未来のできることに向けて行くべきです。

厳しい競争にさらされ、他人の実力、他社の給料など気になることは数多くあります。しかし、考えても仕方のないことは切り捨て、未来への準備を完璧にして仕事にのぞむと結果を出せます。プロを目指しましょう。

よい大人＝よいリーダー

目標を立てる際に、もうひとつ欠かせないポイントがあります。自分の仕事においては、売り上げ目標の達成とか、業務で必要な資格試験に合格するなど、人それぞれに目標があります。しかし、それに加えてぜひ、もうひとつ目標を立ててください。

それは、生き方の目標です。仕事の目標は、数字や実績など、形のある目標です。これを有形の目標といいます。それと合わせて掲げたいのが無形の目標、つまり人格の目標です。有形の目標を達成したときに、人間としてあるべき姿、どのような自分になっていたいのかという目標です。

私の研修でも、必ず「目標達成時の人間像」として、この無形の目標を掲げてもらいます。ある企業研修で、研修生が掲げた無形の目標を挙げてみましょう。

「行動力のある人になる」「責任感の強い人になる」「お客様から喜んでもらえる人になる」「リーダーシップが発揮できるようになる」「余裕のある人」「感謝の気持ちの深い人になる」などなどです。

「家族の誇りになる」「お父さん、すごい！　といわれるようになる」といった家庭における人間像を目標としてもいいでしょう。

有形の目標だけを追うことに躍起になればなるほど、いつしか人間的にすさんでいきます。金銭を得ることだけに走れば、心がすさんできます。相次ぐ企業の不祥事を考えれば明らかです。収入を高めることは、生活を向上させるひとつの目標として大切なことですが、それと同時に、無形の人格目標も思い描いてほしいのです。

仕事上の実績に加えて、無形の目標を追うことで得た人格的な魅力にこそ、部下や家族、周囲の人はひきよせられるものです。よいリーダーは同時によい大人であるべきです。無形の目標を立てる際にも、まず人生の理念を持つことが大切なのです。

自分の行動ルール、クレドを持とう

中学生のとき、強く思い出に残った先生がいます。たいへんお世話になったO先生です。私は先生を強く慕っていました。勉強で困ったときは、家にまで足を運んでいただき教えてくださりました。先生は厳しい一面を持っておられましたが、生徒の心にいつも通じておられました。たいへん温かく、心優しい方でした。山口県萩市の出身で、幕末の志士、吉田松陰先生と私を結びつけてくださったのもO先生です。

詳細な説明は省きますが、あるとき先生に命がけで助けていただいたことがあります。そのとき子どもながらにこう思いました。

「世の中には、何があっても、しなければならないことがある」と。どんなに怖くても、逃げ出したくても、一歩も引いてはいけない場面がある。教師たるものこうあるべきなんだと、先生が体を張って教えてくれたのです。いま考えると、それが自分にとって、はじめて触れた人間の信条、クレドでした。

クレドとは、自分の理念を日常化させるための生き方信条です。自分のあるべき姿や思いを、言葉として結晶化した行動原則です。自分の人生理念を決めたら、その理念を守るための行動ルールとなるクレドも、一緒に考えておきます。

そして、その行動原則を家庭でも仕事場でも貫くことで、基軸ができてぶれない、まっすぐな生き方ができます。

ここで、私のクレドをいくつかご紹介しましょう。


「仕事と思うな、人生と思え」

「率先垂範、まず動け」

「心を磨く、すさみ除去」

「一寸先は、、光です！」

「タイミング・イズ・マネー　いまがその時」

「思いはかなう」

「敵は誰ですか？　私です」

「受け身は極悪、全部自分のせい」

「ネバー、ネバー、ネバー、ネバー、ネバー、ネバー、ギブアップ」


自分が覚えやすい簡潔な言葉で、思いを込めてつくってください。行動を修正するだけでなく、クレドに込めた思いが、正念場で自分を支えてくれます。

農民型指導が成果主義を超える

中学日本一を目指し、陸上競技を指導していたときに感じたことがあります。

全国の優秀な指導者は、毎年必ずトップレベルの選手を育成し、全国大会に出場させます。一校から多くの選手を全国大会に送り込み、活躍させるのです。なぜか。

結論からいうと彼ら優秀指導者は選手をつくっている。豊富な資金力をバックに素質に恵まれた選手を確保し、特別に教育しているのではないのです。当たり前ですが、公立中学では校区の枠を飛び越えて、特定の選手を確保することはできません。

ではどのように育成すればよいのか?

優秀指導者はみんな、農民型指導を行っているのです。目の前の幼い子どもたちに、来る日も、来る日も声をかけ、心に生えたマイナスの雑草を抜いてやり、休むことなく励まし続ける。基礎、基本を何度も何度も繰り返し教える――。

これは、お百姓さんが田畑を耕し、作物を収穫する作業に似ています。毎日毎日、来る日も来る日もコツコツと、が原則です。

このような指導者に育てられた選手たちは、まず指導者に対して感謝の気持ちを抱きます。そして、指導者の期待を裏切らないように自らコツコツと、表裏なく真剣に取り組むのです。

日本一という成果を上げることだけが目的ではありません。自立した素晴らしい人材を陸上競技を通じて育成しようとしているのです。

それに対して、欧米から狩猟型の手法が入ってきました。成果主義です。成果だけを見て、報酬を分配し、それで育成しようという考え方です。このような促成栽培的な教育法は日本には根づかないと思います。

その弊害として、数字をつくり、外見だけをつくろい、見えないところは手を抜けばいいという発想が生まれました。この発想が多くの偽装や詐欺事件を生み出しているのだと思います。

法律や罰則を強化し、犯罪を防ぐことも大切だと思いますが、育成する指導者の姿勢、すなわち来る日も来る日もコツコツと、表裏なく本気で指導する。そのことがもっとも大切なのです。

農民型指導者から育った人は、表裏なく頑張ります。見えないところも手を抜かず、不正にも手を染めない。いまほど育成する側の姿勢が問われている時はありません。だからこそ、指導者には確固とした理念が必要になってくるのです。

業績よりも理念で会社を選ぼう

ここでひとつ、質問です。現状では成果は地味だが会社の理念に共鳴している山田さん。成果は抜群だが会社の理念に共鳴していない鈴木さん。どちらが会社にとって大事にしなければならない人材でしょうか。

経営者がよく判断を誤るのが、ここなのです。両者を比べたときに、成績のみ優秀な鈴木さんを大事にしがちです。目先の成果だけにとらわれているから、判断を見誤り、ゆくゆくは会社のマイナスとなる人材を残してしまう結果となります。

会社の理念という根っこの部分に従えない人は、長い目でみて組織に有益かというと、そうではありません。個人の成果が出ていても、他の社員や組織に大きなマイナス要素をもたらす懸念もあります。

せっかく育てても、いずれ会社を離れる可能性も大きい。成果を出したとしても、そもそも理念に響いていないから、会社の理念を踏まえて、心から部下を育てていく姿勢を持ちえない。当然、大事にすべき社員を見誤る。そうした人材を残すことは、組織全体の崩壊にもつながりかねないのです。

たとえば、現状で成果はさほど上がらなくても、理念に強く共鳴してくれている山田さんこそ、会社が大事にして真剣に育てるべき人材なのです。

私が共鳴する前述のB社長は人材採用に関して、こう断言しています。

「会社というのは、志を同じくする組織集団でなければならないと思うんです。やっぱり、目指す方向性としては、同じ方向を向いていないと、組織というのはうまくいかなくなる。だから、志をともにできる者にぜひ集まってもらいたい。会社の志に従えないという人は、働いてもらう必要はないと考えています。逆に、会社自体もその志や理念、価値観の高さを示していかなければ、よい人材を集められない。価値観の高さに人は集まるのです。要するに、憧れとなる人がいて、自分もその人を真似たい、その人について行きたいというところで、人が集まってくるということなんです。会社が提供する商品はお金もうけだけのためにあるのではないよね、商品は人の心を豊かにできるよね、商品を通じてお客様とともに幸せを享受できるよね、と私は言いたい。私自身、さまざまなお客様からそういったことを教えられてきたし、決してお金だけじゃないということを痛感してきました。だからこそ、この気持ちを一人でも多くの社員と共有できたら素晴らしいと考えているんです」

会社の理念、経営者の理念に共鳴し、そこに自分の人生理念も重ね合わせたいと志す者たちが集う。逆にいえば、職種や仕事の内容に加えて、理念で会社を選ぶという眼を養うことがきわめて重要になってくるのです。

常に心の利益を見失うな

利益追求に暴走した企業が招いたさまざまな不祥事を耳にするとき、私はいつも、物心両面の大切さを痛感させられます。

企業の不祥事について考える前に、なぜ人が仕事をするのか考えてみましょう。一つは、お金を稼ぐため、生活していくため、またそれを向上させるために、金銭的な利益を得ることが目的です。

しかし、それだけがすべてなら「収益が人格や」ということになってしまいます。「お金さえ稼いでいれば、もう十分やろ。なんで家に帰ってまで、皿洗いをしなきゃならんのじゃ！」と振り出しに戻ってしまいます。そういう方は、もう一度一時間目の最初からやり直してください。

実は、仕事には目標とすべきもうひとつの利益があります。

中学生の道徳の授業では、「仕事とは自分の長所を人のために生かすことだ」と教えています。また保健の授業では、「人は仕事から充実感や達成感を得て、最終的には自己実現のために働く」と教えています。これは、マズローの欲求階層説として知られていますが、人はお金では買えない心の利益を得るために、仕事をするのです。つまり仕事とは、物心両面の利益を得るためのものなのです。

「マンションを買いたい」「別荘がほしい」「海外旅行に行きたい」「新しい車を買いたい」といった目的のために、頑張ってお金を稼ぐ、生活を向上させることは仕事の動機として大切です。

しかし、人のために役に立ちたい、自分の力を発揮したいという、仕事で得られる心の利益も見失ってはいけません。

「開発した商品で世の中を便利にしたい」「心からのサービスでお客さんに喜ばれたい」といった、お金では買えない利益にもっと目を向けてください。こうした仕事から得られる心の利益を考えることも、自分の理念づくりのヒントとなるのです。

物心両面の利益は、企業にも求められることです。会社を維持し成長させるためにお金の利益を追求することは当然として、企業も心の利益を追求すべきです。

会社の理念として、社会に対してのあるべき姿を示す。それを個々の業務で実践することで、人々から喜ばれ、社会的な存在価値を認めてもらう。理念に恥じない社内環境を築き、社員の信頼を維持し続ける。こうして物心両面の利益を得られるのです。

昨今の、耐震データ偽造建築の問題などは、金銭的な利益の亡者となり、心の利益を顧みなかった、その末路ではないでしょうか。

優れた企業理念に学べ

世界の優良企業には共通点があります。それは、素晴らしい企業理念を掲げ、企業理念を社員のすみずみまで行きわたらせることに努力し、志をともにする組織集団を目指しているところです。社員を導く価値軸をすえると同時に、社会に企業のあるべき姿を公言する。それが企業理念です。

松下電器の創業者・松下幸之助氏は、海外でテレビの販売攻勢をかけようとしのぎを削っていたときに、全国の店長を集めてこう言い放ったそうです。

「電器製品を売るんやない。僕の、松下の、理念を売ってきてくれ！」

日本という小さい市場ではなく、世界という巨大市場を見すえて厳しい競争に巻き込まれる中で、ただモノを売るのではなく、そのモノを生み出したこちらの思いを売れという熱いメッセージです。

優れた企業ほど心が熱くなるメッセージを持っています、いくつかの企業理念をご紹介しましょう。

ウォルト・ディズニー

「何百万人という人々を幸せにし、健全なアメリカの価値観を讃え、育み、広める」

「皮肉な考え方は許さない」

「創造力、夢、想像力を活かして絶えず進歩する」

モトローラ

「不断の若返りを図る」

「社内の潜在的な能力を引き出す」

「アイデア、質、顧客満足度など、すべての面を絶えず尊重する」

ボーイング

「大きな課題や冒険に挑む」

「誠意と倫理にかなった事業を行う」

「航空学の世界に寝食を忘れて没頭する」

ゼネラル・エレクトリック

「技術と革新によって、生活の質を向上させる」

「個人に責任と機会を与える」

「誠実で正直であれ」

出典（ジェームズ・C・コリンズほか『ビジョナリー・カンパニー』）

理念の内容もさることながら、それを企業がどこまで貫き通しているかも重要になります。企業理念が社員の指針として機能し、なおかつ、社員に活力を与えているかどうかが大切なのです。

こうした企業理念は、自分の人生理念を考える上でも、大いに参考となりますね。そして、それを定めたら、常に自分に照らして考え、それを仕事でも生活でも、貫き通そうと努めることです。

たとえば私の場合、「日本をよりよくする自立型人間の育成」を人生理念として掲げています。そのために全力を尽くしています。

三時間目

脳と心を鍛えるエクササイズ

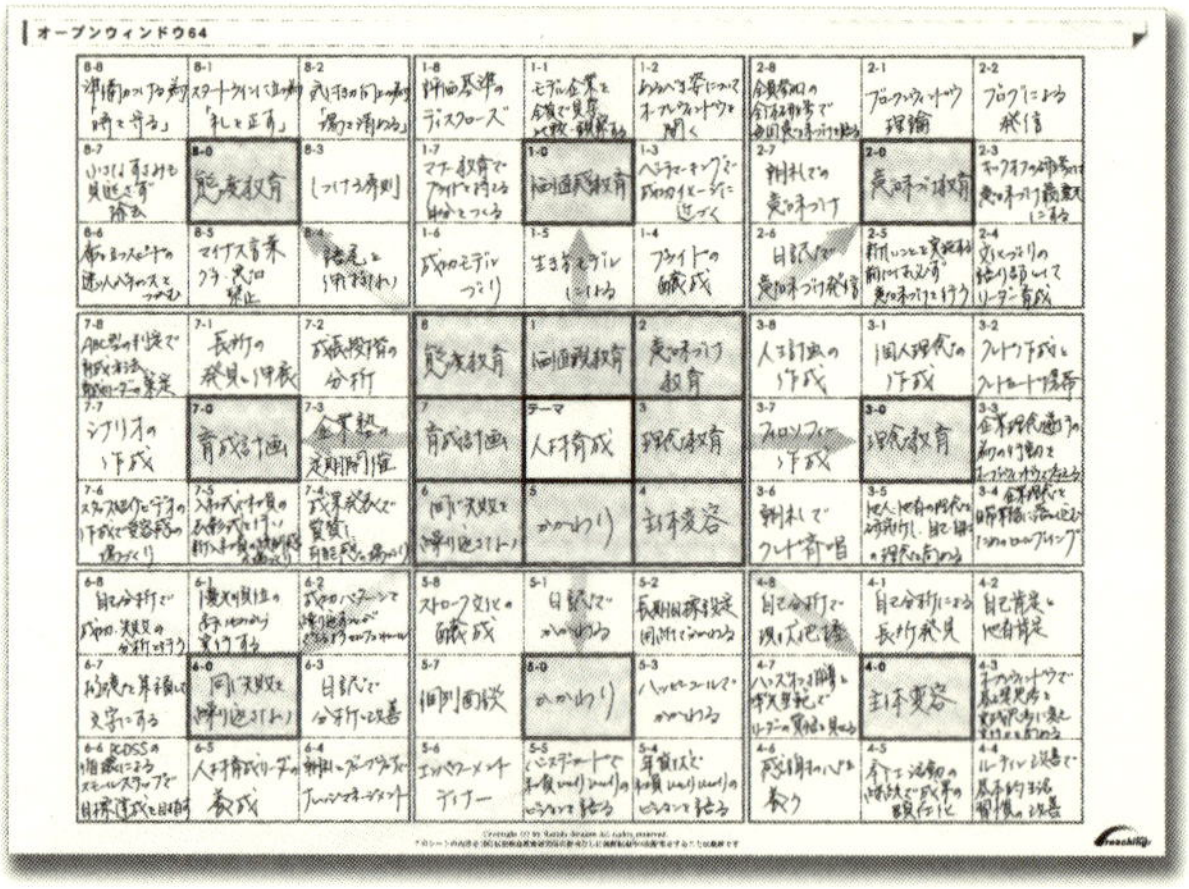
オープンウィンドウ64
テーマ
人材育成
態度教育
価値観教育
意味づけ教育
理念教育
主体変容
かかわり
育成計画

手書き、音読、アナログで行こう

二時間目では、理念の重要性とともに、日誌の効果をご紹介しました。日誌は、思いを文字に書く作業を通じて、考える習慣を身につけ、それを読み返すことで自分自身を確認することができます。

それだけではありません。自分を映し出すと同時に、他の人にプレゼンテーションする力を養うのです。書いて字にする作業は、無意識のうちに、自分の脳のスクリーンに、文字を映し出す作業でもあります。頭のスクリーンに自分の思いを描けなければ、その思いを言葉で伝えることはできないのです。

ですから、手で書いて、それを読み返して、話してみるという三つの鍛錬を、繰り返し積んでいかなければ、人の心に響く話はおろか、他人に伝えることさえできないのです。つまり、伝えたい相手に思いが届かないのです。

さて、ここで留意しなければならないことは、鉛筆やペンを持って、紙の上で字にすることです。キーボードではダメです。この情報化時代、社内の文書はメールでやりとりするし、日記はブログを活用している人もいるでしょう。手書きで字を書く割合は、どんどん低下しています。時代の流れとは逆行するような手書きですが、これには確固たる理由があるのです。

脳科学を専門とする川島隆太先生は、キーボードでタイプするのと、手書きの違いを指摘しています。彼によればキーボードによる文字化は、手書きと比べて、前頭前野が発達しにくいそうです。前頭前野は、人間の意欲や学習、思考、自己コントロールなどをつかさどる部分ですが、手書きのほうが前頭前野を刺激するというのです。ひいてはそれが、創造性やコミュニケーション能力の発達にもつながります。

自分で書いた文章でも、キーボードでタイプした活字より、手で書いた文字のほうがパッと認識できるという経験があるはずです。手書きは脳に直結しているのです。

いまどき、ローテクでアナログだと侮《あなど》ってはいけません。実際、企業に日誌を導入する際にも、手書き作業は面倒くさいとブーイングが出るケースがあります。しかし、目安は二週間。

とにかく二週間継続すれば、どんな人でも、手書きの効果を確実に実感できます。話す力、プレゼンテーション能力もメキメキ磨かれていくはずです。

目標四百字！　脳を鍛える三分間作文

手書きの効果を、いち早く実感できる方法として、ぜひとも実践してほしいのが、三分間作文です。こちらはたったの三分間です。しかし、脳をぎりぎりまで使い切った後の爽快感を得られるだけでなく、自分のイメージや思いを的確な言葉に変え、それを人に伝える能力を格段に高めることができます。

テーマは何でもかまいません。とにかく、三分間で自分が考えたテーマに沿ってできるだけ多くの文字を書くことが目標です。用意するものは原稿用紙と時計だけ。毎日、三分間費やすだけで、非常に効率的な脳のエクササイズが可能になります。

ただし、脳のエクササイズ効果を極限まで高めるためには、いくつかのポイントがあります。

目標はできるだけ多くの文字で原稿用紙を埋めることですが、第一にその目標を設定すること。つまり、文字数を決めるのです。

第二に目標文字数を別の角度からとらえます。面と量でとらえましょう。「ここまで書こう」という目標ラインを、あらかじめ原稿用紙にはっきりと鮮明に記します。具体的には全体の枠取りをしておくのです。

第三に、自分が定めた目標ラインまでの間を、さらに三等分します。一分間を経過したときの通過予定地点、二分間の通過地点を経過目標として示すのです。ビジュアライズ（視覚化）するためです。

目標となるラインを引くことは、二時間目でご紹介した、目標設定の極意にも重なります。それは、達成目標に対して途中経過目標（期日目標）をしっかりとビジュアライズして、確実に期日目標をこなしていくことでした。そのステップを踏み外すようでは、絶対に目標へリーチングすることはできないからです。また、期日目標を一つひとつ確実にこなしたことを、目に見える形で確認していくことが、次なるステップへの自信にもつながります。

三分間作文でも同じです。一分間のラインを通過できれば、二分間、三分間のラインへと挑むことにより、自信がわいてくることを実感できるでしょう。三分間作文は、目標設定の極意をたった三分で体感できるエクササイズでもあるのです。

テーマを決めて、三分間作文にのぞめば、そのテーマに対する意識が高まります。

ある金融機関で研修したときに、この三分間作文を毎朝行うことを自分の日課として定めた方がおられました。

「毎朝、仕事に行く前の日課ですから、三分間作文のテーマを、仕事に対してやるべきことを中心に書いていくことにしたんです。最初に感じたのは、仕事に対してやるべきことが、自分の中で整然としてきたことです。やるべきことがテーマですから、否定的なことを書くわけにはいきません。常に、何をすべきか、何をすればプラスになるのか、そんな話が中心となってきます。これをする、あれをする、『するんだ』『する』『する』という自分の思いを毎朝書いているうちに、仕事に向かう姿勢自体も、ポジティブ（積極的）なものに変わっていったんです」

この方は、二週間ほど毎朝、三分間作文を書き続けていく間に、仕事に取り組む際のネガティブ（消極的）な発想は消えて、常に、何をすべきかという考え方ができるようになったといいます。

「前向きな自分に変われたことが、大きな収穫でした。困難な仕事に向き合ったときのことを考えると、仕事自体の困難さよりも、自分のネガティブな思考回路が、仕事に打ち込む際にブレーキをかけています。三分間作文は、自分の考え方、生き方の回路を組みかえる上で、自分の想像以上に効果がありました」

原稿用紙に向き合う作文など何十年ぶり、という人もいるでしょう。この方のように厳密にテーマを決めなくても、とにかく文字をたくさん書くことを目標に、原稿用紙に向き合ってください。

このエクササイズで、非常に密度の高い三分間を体験してほしいのです。目標は三分間四百字。一度挑戦してみればわかりますが、簡単にクリアするのは大変な文字数です。しかし、この域に達すれば、仕事のさまざまな場面に、効果を生んでくれることを体感できるはずです。

自画自賛して長所を数えよ！

「自分の長所をできる限り書いてみなさい」

こう言われて、延々と書き続けられる人は多くないと思います。実際、企業研修で、自分の長所を書かせると、十個も挙げられないという人が大半を占めています。

みなさん、普段から自分の優れている部分や、よいと感じている部分、能力を発揮できる部分を、まったく意識しておられないのです。

長所とは「自ら進んでできる部分」です。この自ら進んでできる部分を意識して、増やしていくことが、自分にとっての自己肯定感につながり、目標達成や自己実現の力となるのです。私の私塾である教師塾を受講した方の中には、自分の長所を千個も挙げた女性がいます。

しかし、自分の長所をたくさん挙げることに、いったい、どんな意味があるのか。そんな疑問を抱く人もいるでしょう。

長所を千個持っている人は、長所を十個持っている人より一日の生活や仕事の中で百倍の確率で長所と出会うことになります。ということは、自分の自信につながる仕事や出来事に出会う確率が圧倒的に高まるのです。言い換えれば自己肯定感を感じながら過ごせる時間が百倍もあるということです。元気よく仕事に励めるわけです。

研修を受けた方の意見を聞くと、やはり長所よりも短所のほうが、たくさん挙げられるという人が多いのです。短所を意識して、それを改善したほうが早いという意見もあります。しかし、私に言わせれば、短所などは、一切考えなくてよい。なぜなら、あらゆる短所は行きすぎた長所の裏返しだからです。

たとえば、「人に対して説得力がある」という長所は、行きすぎれば、協調性がなく傲慢《ごうまん》で、人の意見を聞かないという短所にもなります。長所と短所は表裏一体です。自分の長所をしっかりと意識し、それが行きすぎぬよう自分をコントロールすることができれば、短所は自ずと改善できる。長所と短所が表裏一体だと考えれば、大きな欠点は、大きな長所にもなり得るのです。

こうした考え方ができれば、当然、人の見方も変わってきます。受け入れ難いような決定的な短所が目についても、長所をコントロールできていないという視点で考えれば、広い心で接することができます。

そうなると、他人へのアドバイスも変わります。短所を長所に変えるようなアドバイス、その人を伸ばす方向にふさわしいアドバイスができるようになるのです。これまでお手上げと感じていた部下の短所でも、実は、大きな長所へと花開く可能性を秘めているのです。

「私は体力には自信があります」「私は粘り強いです」「私は根性があります」「私は人一倍責任感があります」「私は情熱的です」「私は逆境に強いです」「私は謙虚です」「私は整理整頓が得意です」「私は人の痛みに共感できます」「私は気持ちの切り替え

が得意です」

こんなふうに、自分の長所を思いつく限り、どんどん書いてください。自分自身をほめ称えてください。そして、自分の長所を書いた紙を、書斎でも、トイレでも、いつも目にするところに張って、毎日眺めては、それを意識してください。

仕事の楽しさ、いくつ挙げられますか？

教員時代、陸上部を辞めたいと申し出る生徒がいました。急に来なくなってしまう生徒もいました。私はそんなとき、いかに生徒を引き止めるかに腐心しました。そして、どうすれば再び、自ら積極的に部活動に励んでくれるのかを真剣に考え抜きました。そこで達したひとつの結論は、私自身が陸上の楽しみを伝える言葉を、誰よりも多く持っていなければならないということです。

部活動を仕事に置き換えてみたらどうでしょうか？

どんな仕事をしていてもなんらかの壁にぶつかって辞めたくなるときがあるでしょう。その場から何もいわずに一人逃げてしまいたい。そんな否定的な気持ちになるこ

くなった経験があります。

ともあるでしょう。

私自身も、あまりにも厳しい環境の中で自分の無力さを感じたときに仕事を辞めたくなった経験があります。

子どもたちが部活動を辞めようと思う理由はさまざまでした。魅力を感じなくなった、日々の練習をつらく感じるようになった、自分にとってどんな意味があるのかわからなくなったなど、人それぞれです。家庭の事情で部活動を継続できないということであれば、陸上部の活動内容をまったく体験したことのない家族に対しても、相当熱心に説明した上で説得しなければなりません。

そんな場面に出会うたびに私は、辞めたいという生徒や父兄に対して説得できるように、陸上の楽しさやその魅力を伝えるたくさんの言葉を用意すべきだと痛感したのです。リーダーとして、情熱を語る多くの言葉を持っていなければ、生徒の離れかけた心を引き止めて、再びやる気を出させることはできません。

これはあなた自身が自分のつらい仕事から離れたい、逃げたいと思ったときにも通じることではないでしょうか。また、部下や同僚が仕事を離れようとするときも同じではないでしょうか。

私はとにかく、陸上の魅力を伝えるできる限りの言葉を考えました。その結果、生徒を引き止めるだけでなく、自分自身でも、陸上の魅力を明確に認識することができるようになりました。

教職志望者・現役教員向けに私が主宰する教師塾でも、仕事に対する楽しみを語る言葉を、日頃から蓄積しておくべきだと力説しています。

ある時、教師塾に参加されていたプロゴルファーのトレーナーの方に、ゴルフの楽しみについて発表していただいたところ、実にたくさんの言葉を持っておられて感銘を受けたことがあります。

「スコアをアップする楽しさがある」「ゴルファー同士で、深く通じ合える」「広々としたコースを歩くだけで気持ちいい」「時に、自分でも信じられないようなミラクルショットがある」「集中力が養える」「ボールを遠くまで飛ばせると気持ちいい」「読み通りにアプローチできたときは快感を覚える」「コースを回るたびに、新たな発見ができる」「自分自身を深く見つめることができる」「一番ホールのティーグラウンドに立つとワクワクする」「早朝の朝露のついた芝生を歩くだけですがすがしい」「マネジメント能力を身につけることができる」……。

もう話は尽きません。こちらが止めないと、何時間でも話が続きそうな勢いでした。この方の技術指導の方法はわかりません。しかし、プレーヤーの意識を高めることができる言葉をこれだけ持っている。その部分からだけでも、この方の充実した仕事ぶりとゴルフを愛する心を十分にうかがうことができました。

同じ時間を使って働くのであれば、この方のように楽しく生き生きと働きたいと思いませんか。

理念のマンダラを描きましょう

二時間目では、仕事と生活のバランスを保つために理念が重要であること、日誌を通じて、自分自身を見つめれば理念が見えてくることなどを説明しました。ここでは、その理念づくりを支えるエクササイズとして、自分のあるべき姿を積極的に探り出す手法をご紹介します。

オープンウィンドウ64、別名マンダラワークという手法です。いわば、自分の無意識の中にある心の扉を開いて、しっかり思考しなさいというものです。より深く思考することによって、自分の潜在意識にまで思考が到達し、いままで考えもつかなかった素晴らしい方法や答えが導かれます。その思考法を形にしたものがマンダラだと思ってください。

私は、このマンダラを模したツールを教師塾や企業研修での課題として使っています。自分の理念を見出すために効果的な方法のひとつです。

まず、一辺に三個で三×三個、合計九個のマス目を書いた紙を用意します。そして、テーマを決めます。テーマは「よい先生とは?」「人間力の高い営業マンとは?」など、その方の職業に沿ったものになります。このテーマを八十一個のマス目の中央に書きます。そして、テーマを書いた中央のマスに接する八個のマスに、自分なりの答えを時計回りに書いていくのです。

「よい先生とは?」というテーマを囲む八個のマスは、たとえば、次のように埋まります。

「①感性が高い」「②率先垂範する」「③主体変容を忘れない」「④一番しんどい仕事を人に振らない」「⑤いつも自分自身が元気である」「⑥生徒を個別に指導できる」「⑦心・技・体・生活のバランスが取れている」「⑧生き方モデルを目指している」

次にいま書き出した①から⑧までのテーマについて、さらに考えを深め、そのテーマに関連する具体的な答えをもう一度八個ずつ書いていきます。

たとえば「⑤いつも自分自身が元気である」とは、どういう状態なのかを考え、「職員間の人間関係をいつも良好に保とうとしている」「大きな声で誰にでも挨拶をする」「深酒をしない」「常に人を元気づけている」などといった八個の答えを導き出すわけです。

こうして、一番中央にすえたテーマに対して、答えの輪を八方へ広げていくのです。非常に骨の折れる作業ですが、物事を考え抜くための効果的な手法です。すべてのマス目を埋めれば、「よい先生とは？」というひとつのテーマに対する、六十四個の考えや思いを一望することが可能となります。

そして、こうして自問自答を繰り返して導き出した答えの中に、自分の潜在意識にある大切な答えが映し出されていきます。よい先生であるためには何を軸としたらよいのかが見えてきます。つまり、先生としての自分の理念に直結する答えが浮かび上がってくるのです。

「よきリーダーとは何か？」「よい親とは何か？」「よりよき人生とは何か？」「将来

の理想像とは？」――。

さまざまな問いを自分に投げかけてマンダラを描いてください。脳ミソを絞って考え抜いた先に、あなた自身の生き方理念が見つかるはずです。

脳に汗をかいて行動目標を書きまくる

繰り返しになりますが、準備すれば成功に大きく近づきます。

では、何をどのように準備すればよいのでしょうか。

たとえば、ある営業マンが今回の目標を「一カ月先までに、新規顧客の口座開設数を前の月よりプラス二〇パーセント、具体的には合計で三十六件つくる」と設定したとします。そのための具体的方法やアイデアも、先ほどのマンダラワークを使って考え、心を開いていくとよいでしょう。

具体的な方法として、①「お客様とのコミュニケーションを深める」②「商品知識を学ぶ」③「訪問外交件数を増やす」④「電話の本数を増やす」⑤「訴求するポイントを明確にする」といった解決策を八×八個で合計六十四個考えたとしましょう。かなり細かい問題解決の方法が導き出されました。

しかし、六十四個の答えの中で、もしまだ考えを深める余地のある、抽象的な答えがあれば、さらにそこから八個の具体的な方法をひねり出してより明確で具体的な行動目標を考え出すのです。

すでに、実践している行動もあれば、まったく手薄になっていることも出てくるはずです。自分の手薄な部分、準備不足だった部分を、毎日のルーティンとして組み込めば、弱みが強化されます。弱みを強みに変えて、自分の行動パターンとして体得することができるのです。

この作業は、時間制限を設けて、エクササイズとして一気に書き出せば、いまのあなたがそのテーマについて、どこまで深く考えているかを知ることもできます。私の研修では、八つの答えを三分の制限時間で書き上げるトレーニングを課しています。つまり、合計二十四分で六十四個の行動目標を一気に書き上げるわけです。これはかなり脳をフル回転させる作業です。研修生の中には「脳に汗をかいた」と表現される方もいます。

日頃からよく考えている人は、六十四個スラスラと書けるはずです。あまり考えていない人は、制限時間内に書けません。そのまま表れます。このエクササイズを繰り返すことによって、目標を達成するために必要となる実践的で具体的な行動目標を考え出す手法をマスターすることができます。

この手法の応用例としては、チームの強みを、全員で共有（シェア）するという使い方もあります。ひとつの行動目標をテーマに、六十四個の答えを全員で書き出してもらいます。

能力の高い社員は、優れた実践的な行動目標を数多く挙げられるはずです。さほど有能な社員ではなくとも、なんらかの答えを出してくれるでしょう。出てきた答えを全員で集まって検討し、全員で共有し合えば、チーム全体のレベルアップを図ることができます。また、自ずとチーム全体の弱点も見えてきます。


「能率的に仕事をこなすコツは？」

「効果的なプレゼンテーションを行うためには？」

「顧客の訴求力を高めるPRの方法は？」

「お客様に自分を印象づけるためには？」

「ヒットに結びつける商品開発をするには？」

こうしたさまざまなテーマを与えて、チームメンバーの強みを共有しましょう。チーム全体の結束力は間違いなく高まります。

七秒間で相手の心にグサッと入り込む

あなたは現在、指導的な立場にいる方でしょうか?

もしくは、一家の長として家庭では指導的立場にいるかもしれません。肩書きは、指導的立場でなくても同僚を引っ張っていく気持ちで仕事をしていれば、あなたはリーダーです。

そこで、あえて質問しますが、よいリーダー、よい指導者とはどういう人を指すと思いますか?

私はひとつだけ明確な答えを持っています。それは、確固たる評価基準を持ち、相手の行動に対して瞬時に判断が下せるということです。

つまり○か×かをすぐに指摘できるということです。△というあいまいな評価はダメなのです。

「いったい、どっちや？」という△では、評価をしたとは言えません。リーダー、指導者であれば、○×の評価のみならず、相手の心にグサッと響く言葉や評価を、短時間で与えられることが大切です。

私は教師時代に、毎朝、校門の前に立って、生徒一人ひとりに声をかけていました。「さあ、学校がはじまるで！　今日も頑張っていこう！」という思いを、一人ひとりに違う言葉でかけていくのです。全校生徒四百人に対して、毎朝、声をかけるのですから、かなり大変です。

しかも、それぞれの生徒の心に響く言葉でなければ意味がありません。校門を通り過ぎる生徒を引き止めて、一人ひとりにじっくりと語りかけることもできません。そんな経験を重ねたことが、短時間で相手の心に響く言葉を贈る鍛錬《たんれん》になりました。

短時間で心に響く言葉をかける鍛錬は、部下や同僚に対しても、ご家族に対しても、役立ちます。毎日多忙を極め、家族とのコミュニケーションを図る時間も十分にないという方も多いでしょう。

生活時間がずれて、奥さんや子どもとじっくり話す時間がないという方もいる。自分の抱える仕事が手一杯で、部下をじっくりケアできないケースもある。だからといって、コミュニケーションをおろそかにしては、絶対にいけませんね。

常日頃から、「新人にはこんなことを言って、やる気を注入してやろう」「息子にこんな声をかけて生き生きさせよう」「朝、玄関で妻にこんな言葉をかけて元気づけてあげよう」と、短時間で伝える言葉を考えて、用意しておくことも大切な準備です。

企業の指導者研修では、「大勢の部下を抱えていると、一日まったく声をかけなかった部下もいる」と漏らす方もいます。これではリーダー失格です。

毎朝、部下を元気づける短い言葉をかけることを日課にした部長さんは、こう語っています。

「最初は、毎朝とにかく笑顔で一人ひとりに挨拶することを心がけました。それだけでも、部内のムードが変わってきたことが、実感できましたね。裏を返せば、これまで自分のムッとした表情や、挨拶ともいえない挨拶が、部下に対して重苦しい雰囲気を放っていたことに気づいたんです。それで、笑顔の挨拶とともに、一人ひとりに短い言葉をかけるようにしてみました」

言葉がけをしようと思っても、そう簡単にはできないのです。この部長さんも最初はかなり苦労したそうです。前日の晩に、部下一人ひとりの仕事ぶりを振り返って翌日に備え、しばらくの間、緊張して朝を迎える日が続きました。

「最初はつらかったのですが、毎日続けているうちに、少しずつ変わってきたんです。部下たちの態度を見ていると、私の言うことをよく聞いてくれているなと感じられる瞬間が増えてきたんです。遠慮なく意見を言い合えるし、非常によい関係になってきたことは確かです。これまで、部長は威厳を保って、にらみをきかせていればいいと思っていましたが、勘違いでした。いま考えると恥ずかしい限りですし、あんな上司じゃ、部下は気持ちよく仕事をしてくれなくて当然だったと思いますよ」

短時間で身の回りの人に思いをどう伝えるか。

まずは、紙に書き出して考えてみてください。手始めに、ご家族に短い言葉をかけることで、鍛錬してみませんか。

目安は七秒間でコメント一回。効果テキメンです。

言葉がけのタイミングや、グサッと響く言葉の本質については、四時間目であらためてご紹介します。

行列のできるレジの秘密は？

自分も気持ちよく、相手も気持ちよく仕事ができるというのは理想です。そうはいっても、毎日の仕事でストレスをためないというのは無理かもしれません。ストレスをためずに仕事を人間関係を好転させたいという方に、どうしてもお伝えしたいエピソードがあります。

中堅スーパーマーケットＹの、あるレジ係の話です。どこのスーパーも夕刻ともなると、夕食の買い物客で毎日レジは大混雑となります。どのお客さんも夕食の準備を急いでいますから、少しでも早くレジを済ませたいと考えています。誰もが当然のことながら、行列の短いところを探します。ですから、レジに並ぶ行列は、だいたい同じ長さになってきます。

ところが、Ｙスーパーのある支店では、夕方の大混雑する時間でも、ひとつだけ長蛇の列ができるレジがあるというのです。ここの店ではお客さんがこぞって、そのレジを選んで並ぶのです。こんなことが本当にあるのでしょうか？　不思議な現象ですが、これが実話なのです。その行列に並んだお客さんは口を揃えてこう言います。

「そこに並ぶと、いつも夕食がおいしく食べられるんです」

「一日の疲れがとれる感じがするんです」

「どんなに待たされても、そこじゃないとダメ！」

まさに魔法のレジです。そこに並ぶことが、一日の中でもっとも楽しいひと時と考えているおばあちゃんもいるそうです。

種明かしをしましょう。実はそのレジ係の女性のスマイル、笑顔が、誰よりも素晴らしいというのが理由です。もうひとつ理由があって、そのレジ係の女性は、お客さん一人ひとりに、元気が出るような短い言葉をかけていたのです。

カリスマ・レジ係です。彼女をカリスマ・レジ係にしたスマイルの秘密とは？

スマイル、笑顔という表情は無条件で相手を幸せな気持ちにします。言葉がわからない赤ちゃんでも、にっこり微笑んであげると、愛らしい笑顔を返してくれます。犬や猫でもそうですね。スマイルには言葉に表現できない力が秘められているのです。

誰でも幸せなオーラを出している人に対しては、自然と心を開きます。

ある百貨店では、全社員の接客能力を高めるために、芸能人を育成するプロダクションからコーチを招き、全社員に「笑い方、スマイル」の指導をしたのです。これも、スマイルがお客様に幸せ感を与えることに気づいているためでしょう。

すべての販売員がYスーパーのカリスマ・レジ係のようになれば、この百貨店に足を運びたいと思うお客さんが確実に増えると考えたからです。

かつて大手外食チェーンでは、メニューに「スマイル0円」と掲載していたときがありました。これもスマイルの効用に気づいた人が考え出した素晴らしいアイデアだと思います。

スマイルは思いを伝える要です。スマイルによって心が開いた人は、必ずあなたの話を聞いてくれます。誰かに会ったら、まず笑顔を送りましょう。

そのために、普段から笑顔の練習をしておきたいものです。まずは家庭の中ではじめてみるのがよいでしょう。

家族と目を合わせたら笑顔でのぞむこと。家庭内が明るくなります。

もうひとつおすすめしたいのは、鏡を見て笑顔を練習することです。手のひらで顔全体の筋肉をさすってほぐし、自分にとって最善の笑顔を研究してください。

元気の素をせっせと仕込もう！

スマイルで確実に幸せ感は広まります。でも、高い目標、難しい課題に立ち向かうときに身近に誰か、励ましてくれる人がいれば、それはさらに心強く幸せなことです。

私自身、教員時代には励まし合える職場の仲間がいましたが、仲間がいつもそばにいるとは限りません。現在は固定した職場を持たずに活動をしているので、ひとりで元気が出ないときもあります。

しかし、悩み落ち込むことに時間を使うよりは、自分で自分を元気にする方法を知り、自分を元気づけるべきですね。

会社組織でも、職位や立場が上がっていけばいくほど、自分を叱咤激励して盛り上げてくれる人が、だんだんと少なくなってきます。とはいえ、自分に元気がなければ、部下や家族に元気を与えることはできません。リーダーとして人を引っ張ることができないのです。

では、どうするか？

ひと言でいえば心のツボに元気とやる気を満たすのです。自分を元気にしてくれた言葉、かかわり、態度などを、いつでも振り返れるようにしておくのです。

心のツボについては、四時間目でも説明しますが、自分を元気にする方法のうち簡単にできるものをいくつか紹介しておきましょう。

まずは日誌です。たとえば自分が一番生き生きと頑張っていたときの日誌を振り返るのが有効です。手書きした自分の文面から、当時の元気がすぐに蘇《よみがえ》ってきます。過去にやりとりしたメールで、元気が出たものをいつでも見られるように保管しておくのもいいでしょう。私も、松虫中学時代の陸上部員の日誌を振り返ったり、卒業生からのメールを読み返すと、どんなに寝不足で疲れていても、元気がわいてきます。

ストロークも有効です。ストロークとは、相手を評価したり、フィードバックしたり、かかわったりすることや、元気、やる気を高めるための人の行動や発言をいいます。仲間から言葉をかけてもらうことも有効ですが、セルフトークといって、自分に向けて元気づける言葉を語りかけて、やる気を生み出す方法もあります。

また、おすすめしたいのは感動するものに意図して触れることです。たとえば感動した本や映画なども、そのときだけの感動にしておかず、いつでもすぐに見られるように整理しておくのもいいでしょう。自分に元気を注入してくれるものを数多く保存しておき、いつでもすぐに振り返れるようにしておくのです。

自分の元気の素になるキーワードは、多ければ多いほどよいものです。自分の元気の処方箋のように、「落ち込んだときは、この映画を観れば大丈夫」「寂しい気分のときは、この本のこのページに限る」と、さまざまな状態に応じて、すぐに対処できるからです。

私の場合は、こんな映画があります。『オールド・ルーキー』『ナチュラル』『ブレイブハート』『パトリオット』、最近では『Ｍｒ．インクレディブル』。テレビドラマやアニメもあります。『白い巨塔』『Ｄｒ．コトー診療所』『アルプスの少女ハイジ』などです。

何回も観ているので、それぞれ感動したシーンは、すぐにどの辺りにあるか見つけることができます。『Ｄｒ．コトー診療所』であれば、離島に単身で住むコトー先生が、島民に受け入れられない中でも、責任感と使命感を胸に抱いて難手術を強行し、成功させる感動のシーンがあります。いつも観るたびに泣けてしまいます。

映画やドラマのシーン以外にも、元気が出た言葉、感動した思い出、先輩や上司から聞いたよい話などを、忘れないように書いておく。こうした元気のキーワードをたくさん持つことは、他の人にも元気を与える言葉をたくさん持つことになります。

トップに立つリーダーほど、部下を元気づける話を山ほど持っています。その人の話でみんなが元気になる。だから、人から慕われて、さらに人が集まるのです。

四時間目

かかわり方を変えてみる

乱世で問われる人間力

近いうちに必ず教育乱世がやってくる――。

私は、東西ドイツの壁が崩壊したころに欧州各国の教育現場を視察し、こう確信しました。そして、私が感じた通り、まさにいま、この教育乱世を迎えています。

乱世は、日本の教育だけではありません。家庭も企業も乱世の真っただ中です。これを打開するには、大人が変わるしかありません。教師、ビジネスマン、ビジネスウーマン、お父さん、お母さん、一人でも多くの大人が、自己改革を果たし、生き方モデルを示せる人間になる。大人一人ひとりの人間力向上こそが、乱世を正し、よき方向へ導く力となるのです。

前述したB社長も、同じ乱世で戦う同志です。社内改革に取り組む中で、こんなことを語っておられます。

「戦後六十年を経て、日本を支えてきた戦後からの古い仕組みや秩序が、整備不良を起こしてきしんでいます。まさに乱世です。治世では、知識が上から下へ素直に伝わっていけばいいので、社員は金太郎飴がいい。しかしいまは、変化が常態化した乱世です。社内の仕組みやマネジメントの優劣ではなく、現場レベルの人間の知恵がなければ、素早く変化に対応できなくなってくる。しかも、これまでの金太郎飴のような人材では、知恵を生む仕事はできません」

B社長が指摘しているように、人間力の向上が、企業、学校、あらゆる分野で求められています。上から下へという仕事の流れに組み込まれるための金太郎飴ではなく、自ら知恵を絞って働き、自らを高め続ける自立型人間の育成が欠かせません。そして、誰でも、志や高い価値観を持った人に引っ張られたいものです。

もう少し、B社長の言葉を借りてみましょう。

「行き着くところは、やはり人です。自分の熱い思いを照れることなく、どんどん部下にぶつけていく。その熱い志に響いて、人が心から動きだす。組織の機械的なマネジメントでは立ち行かなくなった乱世に、もう一度、組織のあり方を振り返ってみたら、その原点は、裸と裸の付き合いにあると気づきました。心と心が触れ合う熱いコミュニケーションで会社が回っていく。心の触れ合いが世の中を根底から変えていく。私は、そう確信しています」

Ｂ社長自身、各支店に幾度も出向き、その志を全社員に直接訴えかけています。その志に共鳴する社員を増やしていった結果、経営状態が急速に改善し、長期にわたる無配当からも抜け出しました。

人間力を向上させ、高い志を抱く。積極的に人とかかわり、心の通うコミュニケーションを交わせる。リーダーが夢やビジョンを描き、部下や家族をワクワクさせながら引っ張っていくことで、家庭や会社のみならず、社会全体が変わっていくのです。

生活指導の最後になる四時間目では、かかわり、コミュニケーションについてお話したいと思います。

かかわり不足が蔓延しています

七〇年代の米国に、ゲイリー・ギルモアという男がおりました。貧しく複雑な家庭に育ち、人を殺して刑務所に入り、死刑宣告を受けました。当時の米国は死刑反対運動が盛り上がっている時期だったのですが、ギルモアは自ら死刑宣告を受けることをのぞみ、処刑されたことで知られています。

独房生活で他人とのコミュニケーションを絶たれ、青春時代の大半を刑務所で暮らしたギルモアは、人と前向きなかかわりを持つことはありませんでした。人間は食事という物理的な栄養で命をつなぐことはできますが、人とのかかわりという心の栄養がなければ死んでしまいます。

ギルモアが死を選んだのも、人間は他人とのかかわりのない世界では生きていけないという本質を表しているのです。

会社で人間同士のかかわりが薄くなっている一因は、欧米型の成果主義です。個人をバラバラに切って、成果だけでつないでいく成果主義が、かかわり不足を生んでしまったのです。また、社内で少し歩けば話せるのに、メールで済ませて直接的なかかわりを避けるといったＩＴ（情報技術）化の弊害も影響しています。

企業は利益を追求するために、インプットを少なくして、アウトプットをたくさん得ようとします。一切の無駄を省き、売り上げさえ伸びれば、利益もついて来るという図式です。

しかし、中学教師だった私は、まったく正反対の経験を重ねてきました。「インプット∨アウトプット」です。

不登校の生徒に一年間、毎日電話して、家庭訪問を繰り返し、はじめて生徒が登校したのは、卒業式が終わるラスト二十分前ということもありました。説得に一年間費やして、たった二十分の登校です。

「みなさん、ちょっとすんません！　お話の途中ですが、いま、▲▲さんが来ました！　壇上までは上がらなくてもええから、その場でいいから、みなさんの拍手で、卒業式の代わりにしてあげてください！」と校長先生が言うと、割れんばかりの拍手となりました。校長先生自身もその大喝采に感動し、話を続けられなくなりました。

山のようなインプットで、たった二十分。とはいえ、大感動、大感激の卒業式だったのです。

教育は、人が人にどれだけかかわれるかが勝負です。しかし、企業では効率を優先するあまり、社員の人間教育というインプットを軽視してきました。

志を持った社員が減り、社員同士のかかわりも薄れて、やる気の低下した人が増えました。その原因は、賞罰といった外発的な動機づけだけで、社員を動かそうとしているからです。

社員が生き生きと働くには、企業理念という志で人を動かすことが欠かせません。

ですから、金銭による報酬だけをちらつかせている限りは、社員の力を引き出すことはできないのです。

さらに、こうした状況下で鍛え上げられてきた四十代前後の管理職の中には、そうした発想をそのまま家庭に持ち込んでしまう人もいます。家庭生活も教育現場と同じで、「人が直接かかわっていくら」のはずなのに、お金やモノを与えることで人を動かそうとしてしまったのです。

物資的な面以外の人間的なかかわりには、無神経になっているのです。当然、家庭にもひずみが生じます。心からかかわってもらえない家庭環境で育った若者が、その当たり前の結果として、次々と事件を引き起こしています。

欧米型の成果主義、「インプット∧アウトプット」的な図式、人間教育の欠如。このしわ寄せは、家庭生活がこうむることになります。生活が荒れれば、仕事にも悪影響がおよびます。

その結果、やる気が出てこない。能率が落ちる。生産性が低下する。最終的には、社会全体の不利益にもつながるのです。

家族をつなぐ秘密兵器・冷蔵庫掲示板

「原田先生、私事で非常に言い出しにくいことなんですけれど……、どうしてもご相談したいことがありまして」

私が講師を務める企業向けのセミナーでのことです。講義終了後に、ある企業の部長さんがとても深刻な顔で、私に相談を持ちかけてきました。

「実は、私には高校生になる娘がいるのですが、このところ娘の様子がおかしいんです。部屋に閉じこもってしまって、私と顔も合わせてくれません。学校にも行かないのです」

まったく出口の見えない悩みに、深くはまり込んでいるといった様子です。リーダーとして、部下の前では見せられないほど困り果てた姿でした。周囲に、真剣に相談できる人もなく、意を決して私に相談しに来られたのです。

実は、企業の管理職の方から私に持ちかけられる相談には、こうした家庭生活での悩みごとが少なくありません。

「以前の明るい子に戻ってほしい。楽しい家庭生活を取り戻したいんです。でも、仕事の忙しさに流されて、長い間、家族とかかわってこなかったし、どうしたらよいのかわからないんです」

「部長さん、しっかりしてください！　会社と同じように、家庭でもご家族を引っ張るリーダーじゃないですか。とにかく、部長さんが変わらないと、ご家族は絶対に変わらないと思いますよ」

私はこの部長さんに、どんなに忙しくても、あるひとつの日課を絶対に欠かさないようアドバイスしました。

それは、冷蔵庫のドアにホワイトボードの掲示板を張って、毎日、娘さんや奥さんに対して、ひと言でもいいからメッセージを書き続けることです。

「今日は寒いから風邪をひかないように」「帰ったらちゃんと手を洗って」「今日は遅くなるけど、夕飯はしっかり食べて」「期末テストで大変みたいだけど頑張って」といった具合に、娘さんに声をかけてあげるわけです。

なぜ冷蔵庫か？

家の中で冷蔵庫は、家族が毎日必ず使う場所だからです。

それから数カ月後、その部長さんが、また私のところへ会いに来られました。最初に会った印象とは、まるで別人です。そして私に会うなり、ボロボロと大粒の涙をこぼしはじめました。

「先生、ありがとうございます！　娘が、家族が戻ってきました。あれから毎日、メッセージを書き続けました。最初は半信半疑でしたが、先生がアドバイスされた通り、一日も欠かさずに続けました。そうしたら、娘もボードに書いてくれるようになって、それを見たときには本当に泣きました。冷蔵庫がきっかけになって、家族の会話を取り戻すことができて、これほどうれしかったことはありません！」

実は私も、中学生の子どもを持つ父親ですが、講演やセミナーで全国を飛び回っているので、なかなか会う時間がありません。でも、どんなに多忙で会えなくても、一日に何回も携帯電話の電子メールで、家族に声をかけています。これは、ＩＴ化により電子メールが普及したことのプラス効果ですね。

家族とのコミュニケーション不足を感じているなら、家族と心からかかわることを、日課として掲げてください。家族からも元気をもらえるようになります。

身近に「父」というお手本があった

昔は、近所に一人や二人、ガンコ親父と呼ばれる人がいたものです。隣のおっちゃんに怒られた、などと大人が他人の子どもを叱ることも、珍しくありませんでした。「まだお母さん帰ってないの。なら、うちに来て晩飯を食べていき！」と、多くの家庭で何のてらいもなくご近所の子どもの面倒まで見たものです。

日本には、もともとかかわる文化があったのです。しかしいまは、自分の子どもに対しても、かかわりが薄い親が増えているのですから、他人の子どもに対してはなおさらです。私自身、父の思い出を振り返ると、そのことを痛感します。

警察官だった父はとても面倒見がよく、お正月には、大勢の部下をわが家に招待して、おせち料理を振る舞い、新年を祝ったものです。私も大勢の大人たちに囲まれて、毎年にぎやかなお正月を楽しみました。

命がけの職務ですから、職場では厳格です。しかしその一方で、部下をねぎらう場を設けることを欠かさなかったのです。子どもの私から見ても部下や仲間に慕われ、尊敬されるリーダーでした。

最近は、自分の部下に厳しく接することができず、父性の欠如したリーダーが増えています。心にグサッと突き刺さるような、本質に迫る指導を敬遠しているのです。部下に厳しくかかわることを避けていると同時に、心が通じ合うようなコミュニケーションもありません。人間関係が希薄なのです。

父の面倒見のよさは、私の友人に対してもいかんなく発揮されました。休日ともなれば、私の友人を何人も誘ってハイキングに連れていくのです。友人の親も従えて、総勢三十人くらいでハイキングに行ったこともあります。いま振り返れば、懐かしく貴重な思い出です。

父は、職場でもプライベートでも真剣に部下とかかわり、家庭では他人の子どもの面倒まで見る人でした。いま考えると、仕事も生活も分け隔てることのない一貫した姿勢を持ち、人とのかかわりを大事にするという理想のリーダー像を示してくれていました。

もちろん、子ども時代の私にとって、一番身近な生き方モデルであったことは言うまでもありません。

小さなしかけで職場のかかわりが倍増

日誌は最強の自己分析ツールであり、最強の目標達成ツールであることは前述した通りです。それだけではありません。社内で日誌を活用すれば、これまで希薄だった人間関係を深める、大きなきっかけにもなります。

A社のある支店では、私が考案した目標設定用紙を、社内の誰もが見られるように、会議室の壁に張り出しています。その部屋に行けば、各社員の業務の達成目標、期日目標、目標達成時の人格目標、成功と失敗の自己分析、生活面の日課も含めたルーティン目標の○×チェック内容などを、全社員が共有（シェア）できるわけです。

これを実践したH支店長は、その効果を次のように語っています。

「私も副支店長も、真っ先に感じたことは、社員の家庭生活が見えてくるということでした。個々の達成目標を管理するのが業務上の目的ですが、最初に目を引くのは、個人の生活面に関する部分でした。日々のルーティン目標の内容です」

この支店では、たとえば、「帰宅したら寝ている子どものふとんを整える」「ネコの水を換える」「食事をきっちりとる」「家で怒鳴らない」「植木に水をやる」「妻と会話する時間を持つ」などといったルーティン目標を社員の方が設定しました。

「やはりルーティン目標に目が行くんです。あいつがネコを飼っていたとは意外だなぁと感じたり、『食事をきっちりとる』と書いた人間に、よくよく話を聞いてみると、いつもジャンクフードだったり、ひどいときはスナック菓子しか食べないこともあるという。そしたら『お前最近、メシはちゃんと食ってるか』というところから話ができますね」とH支店長。

「妻と会話する時間を持つ」とあれば、夫婦関係は大丈夫なんだろうか、連日帰宅が遅いからそんな日課を挙げるのも無理はない、と考えたりもしたそうです。

「自分が遅くまで会社にいるから、部下も帰るわけにはいかないのだなと即座に反省しました。私がいたらみんなが帰れない。まず自分が率先して早く帰るようにしたんです。これまで見えなかった生活面が垣間見えたことで、部下に対する親近感が得られたと思うし、以前よりも、内面に踏み込んだコミュニケーションができるようになったと思いますね」

日誌や個々の目標を社内で公表することは、上司と部下とのコミュニケーション改善だけでなく、社員同士の人間的な関係の深まりをもたらすきっかけになります。H支店長は、こう続けます。

「社内の風通しがよくなって、以前より心のつながりが芽生えてきたことを実感します。各社員の一日の売り上げ最高記録を、全員が把握できるようにしているんですが、ある男性社員は、どうしても超えられないラインがありました。でも、それを達成したときはもう男泣きです。支店内で大泣きでした。日々の記録や目標をみんな知っていますから、同僚も人知れず応援していたんですね。自分の壁を越えただけでなく、全員の期待や応援に応えられたことに、彼はグッと来たんだと思います」

会議室にすべての社員の目標を張ることで、異なる業務に携わる人の仕事ぶりも共有できるようになりました。

「経理や事務処理全般を扱う管理部門は、営業部隊の縁の下の力持ちですが、営業の人間にとっては業務の詳細や、そのつらさなどが見えていませんでした。でも、そちらの人間の目標も一緒に張り出したことで、お互いの仕事を理解し、尊重するムードも生まれました」

日誌や目標の共有という小さなしかけが、社内のかかわり不足を解消し、生活面におよぶ人間的なつながりをもたらします。個人の目標をみんなが応援するムードを生み、違う部門に対する理解も深まります。

さらに、有能な社員の日誌を見ることで、仕事の進め方や取り組む姿勢といった強みを、みんなで共有することもできます。こうしたデータを大切に保管し分析していけば、チーム全体の強み、会社全体の強みを把握することができるのです。最近は復活のきざしもありますが、実は、社員旅行や社内のスポーツ活動なども互いを知り合う有効なコミュニケーション手段です。

やる気を高める三つのポイント

成果を上げるための重要なポイントは「やる気」です。これが一番大事です。「能力」と「やる気」が両方あれば、その人は勝手に伸びる。そして、「能力」はあっても「やる気がない」とダメ。いまは「能力」が目立たないけれど、「やる気」が人一倍強い人は、大きく伸ばせる人材です。

つまりリーダーは、部下の技量や能力を高める以前に、他人に対して「やる気」を与え、「やる気」を高めることに長けていることが、何より大切なのです。

では、やる気を与えるポイントとは何でしょうか。

特に重要なポイントは、有能感、統制感、受容感の三つ。有能感とは、「自分はできる、自分は能力がある」と感じさせること。

統制感とは、「できそうだ」という感覚です。目標に対する現在の位置を把握し、目標の実現が見えてくれば、やる気が出てきます。

そして、受容感とは、自分の居場所が認められていて、自分がなくてはならない存在であると感じることです。存在価値、レゾンデートルという言葉でも言い表すことができます。

この三つの「心」に関する動機づけを、内発的な動機づけと呼びます。賞、罰、威圧や恐怖感で導くような、外発的な動機づけは、相手が初心者やなかなか動こうとしない頑固者に対しては有効な場合もあります。しかし、それがなくなれば「やる気」も失せます。心から燃えてくる本質的なやる気とは、少しレベルが違うものです。

景気が低迷し「賞」でひきつけられなくなると、やる気もなくなります。恐怖や威圧だけで部下をコントロールすれば、さらにその下に同じ威圧が伝播する。社内は殺伐として当然です。外発的動機づけだけでは、人は心から動かない。まさに、成果主義の欠点でもあるのです。

この点に気づき、急激に成長している会社があります。テーマ型レストランの業態開発を主体としたJ社です。

飲食業界の常識として、テーマ性の強いレストランは、奇抜なコンセプトで一時的な脚光を集めても、人気を持続させるのがむずかしいといわれます。しかし、J社はドラキュラ城や竹取物語などをモチーフとした奇抜なコンセプトで次々と出店し、どのお店も業界の常識を打ち破る人気を維持しているのです。

J社の社長は、業務内容をマニュアル化せず、メニューの内容からお店のイベントの立案まで、現場のスタッフにすべてをまかせています。もちろん、外してはいけないポイントも定めています。

それは、お店のコンセプトを外さないこと、お客様を楽しませること、利益につなげること。この三つです。あとは、どんなアイデアを提案してもいい。

スタッフは現場を一任されているという責任感、使命感を持ち、自分のアイデアが採用されれば有能感につながります。次々と現場からアイデアが生まれ、よいアイデアはどんどん実現されるので、お店では絶えず小さな変化が起こる。社員の能力を伸ばす環境を与え、それがお店に新鮮さを生む。内発的動機づけが、業界の常識を打ち破る秘訣だったのです。

ダメな上司について、いろいろな方に話を聞くと、「立場上の力で、有無を言わせず部下にやらせてしまう」「心から揺さぶるような言葉をかけてくれない」「できないことばかり責めて、できたことをまったく見てくれない」などという意見が挙がります。こうした不満は、内発的な動機づけの欠如として説明できます。

これは親から子どもへの接し方にも共通します。子どもが言うことを聞かないと嘆く前に、子どもたちの有能感、統制感、受容感にしっかり目を向けて、言葉をかけてかかわっていたかどうかを振り返ってみてください。

リーダーは三つの顔を持て

教育現場の体験で私がたどり着いた結論は、子どもたちは「母性」「父性」「子ども性」の三つの性をバランスよく使い分けて育てることが大切だということです。引いては、それが成果につながります。

「母性」とは子どもの話に耳を傾けてしっかり聞いてやり、受容する優しさ。「父性」とは、態度教育や生活規範を守らせるなど、絶対に許してはいけない場面で毅然《きぜん》と接する厳しさ。「子ども性」とは、子どもと一緒になって遊び、楽しさを心から共有する朗《ほが》らかさです。

たとえ、事情があり、両親が揃っていない家庭でも、ひとりの親がうまく三つの性を使い分ければよいのです。そうすれば、問題行動に走らず、立派に育ちます。バランスよく子どもたちと接していれば問題ありません。

いま、教育の現場では、子どもたちに厳しく接することのできない先生が増えています。圧倒的に「父性」を欠いているのです。これは、世のお父さんはもとより、企業のリーダーや管理職の方についてもまったく同じことが言えます。つまり、いまの日本は全般的に父性が欠如しているのです。

父性を欠く一因はどこにあるのでしょうか？

その多くは躊躇《ちゅうちょ》や遠慮からきています。企業のリーダーや管理職の方に、父性の重要性を説くと、「やっぱりそうだったのか」と強い共感を得ることが多くあります。

部下に厳しく接したいと思う場面があっても、なかなか踏み切れない方が多いのです。教育現場でもそうですが、怒ること、厳しく指導することが、悪だと見なされる風潮があるからです。

父性で厳しく接することが減っているのです。大人にも態度教育やしつけが必要な理由もそこにあります。

父性の発揮は、きわめて重要なコミュニケーションです。厳しく接することは、相手に強いかかわりを示すことなのです。ただし、誤解してはいけないことは、それは相手を威圧するような厳しさではないということ。相手の人格を否定するような怒り方は絶対にしてはなりません。

相手の欠点を突いて徹底的に落ち込ませるのが目的ではないはずです。厳しく接するとは、二度と同じ過《あやま》ちを犯さないように、その人のためを考えて、本質をついて強く指摘することです。激《げき》を飛ばして、燃え上がらせることです。そうすれば、父性は、やる気や元気を強く注入するかかわりとなります。

いまの日本の教育は、ほめる文化が幅を利かせています。個を重視する傾向が強まり、個性を尊重してほめて育てましょうという教育が主流になりました。

優しさと甘やかし、遊びだけを与えても、厳しさがなければ人は育ちません。

ほめるだけの教育は何かを完全に履き違えています。それは健全な親子関係が示す実例に照らせば明らかです。強くかかわる父性を欠き、三つの性のバランスが崩れた接し方では、人が育つはずもないのです。

量と質の指導を使い分けて伸ばす

ある会社では、社員に課す営業件数のノルマを、一日三百件から四百五十件にしたそうです。ほとんど一日中、家から家へとダッシュして、呼び鈴を鳴らし続けるような過酷なノルマです。

そんなに量を課してどんな効果があるのでしょうか。

件数を増やせば、一件に費やす時間も質も自ずと落ちるような気がします。しかし実際には、一気に契約件数が伸びる結果となりました。

また、こういう話も聞きました。

営業の電話で、毎日必ず契約を取れる社員がいたそうです。その秘訣を聞いたところが、なんと一日に四十七本電話をかけるだけ。そうすれば、必ず一件はものにできることに気がついたそうです。

ここに紹介した成果の違いは、成功曲線というもので説明できます。機械的に量をこなす練習を積み重ねていくと、ある時点で急激に結果につながるポイントに出会うのです。

陸上競技の指導においても、この成功曲線を意識した指導を実践してきました。結果を出しにくい人には、まず量をこなす練習を継続させます。ある程度、結果が出てくるようになったら、今度は質を重視した練習を組み込んでいきます。次の段階に進ませる練習です。

もう少し具体的に説明しましょう。たとえば、百メートル走でも質と量によって練習の仕方がまったく異なるのです。最初は百メートル走五本といった本数で練習を行います。ある程度走れるようになったら今度は、七本、十本といった具合に本数を増やしていきます。

ところが、量だけの練習ではいずれ頭打ちになって限界がやってきます。目標を日本一に置くのであれば百分の一、千分の一の勝負ですから、当然、タイムを上げることが目的になります。そうなると今度はただ本数を増やすだけではなく時間に焦点を置きます。

こうして、量の指導から質の指導へと高めてレベルアップするのです。実際には日本一レベルの選手は、量と質の練習に加えて、なぜ、なんのために練習するのかという目的や理念をはっきり持って心を鍛える練習で勝敗が決まることは前述の通りです。

優れた指導者、コーチは、選手個人のレベルを正確に把握し、成功曲線に沿って、結果が出る瞬間、レベルアップする瞬間をしっかり見届けることができます。量の練習をやらせっぱなし

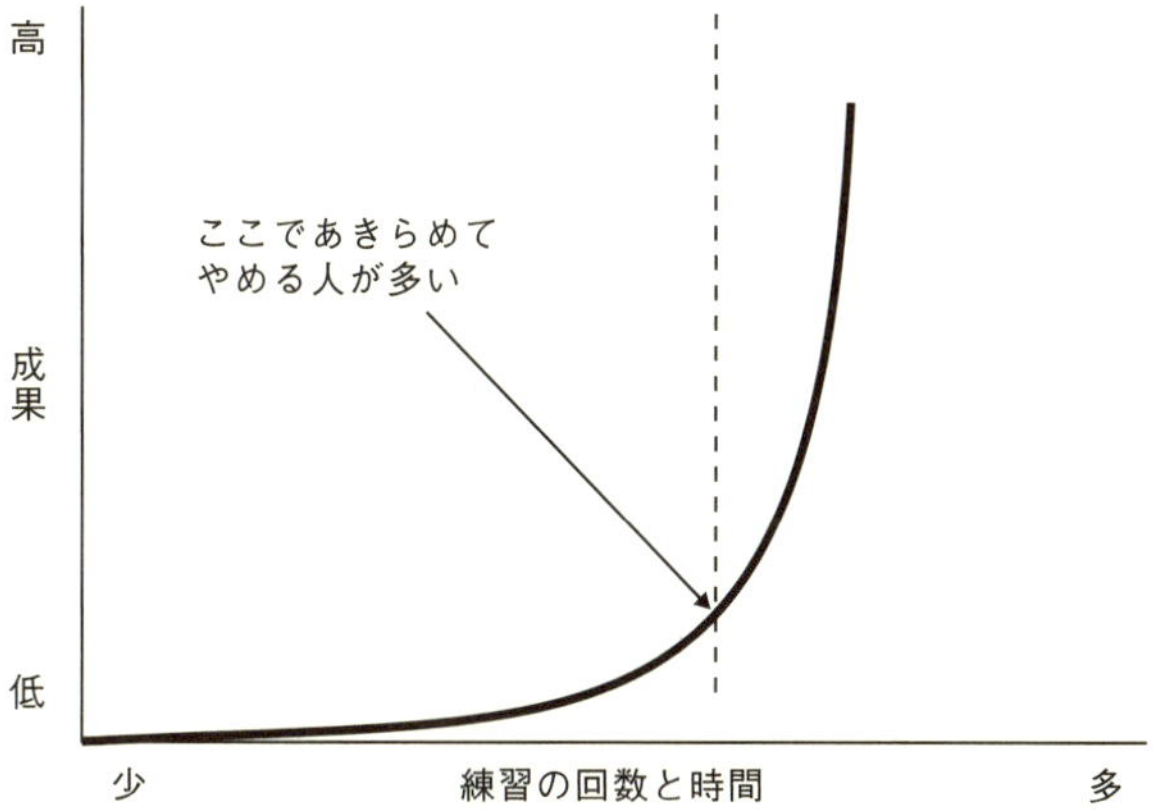

成功曲線と練習の関係

にするのではなく、量から質へと切り替える要所要所を見逃さないこと。これがコーチと選手との大きな信頼関係を築くのです。

指導者はいつ量から質に切り替えればよいのかというタイミングを把握しておくことが大切です。成功曲線に基づいた指導は、陸上競技に限らず、さまざまな場面で応用できます。たとえば、繰り返しになりますが、手書きの日誌は効果が実感できるまでに二週間はかかります。

ある一定量をこなせば誰もが成果を出せるというデータは、新人社員研修などで人材を効果的にレベルアップするのに役立ちます。独自のデータを数多く蓄積していけば、会社の大きな財産にもなるでしょう。

心のツボをいっぱいにしておこう

理念をもち、最終期日目標を決め、目標への日々の階段を一歩一歩上っていく。そのときの自分の人格的成長までも、目標として描く。準備すべきことは、思いつく限り列挙し、すべてを準備する。これが目標達成の手法でした。

しかし、それを毎日着実にこなしていくためには、常に元気が必要です。元気がなければ、リーダーとして人を引っ張ることもできない。体を鍛えて体力を蓄えるのと同様に、心にも元気を蓄えておくことが必要です。この元気を蓄える「心のツボ」を満たしておくことが、元気を保つ秘訣なのです。

では、どのようなときに、元気が蓄えられるのでしょうか。

まず、人とのかかわりの中で元気をもらいます。特に、ほめられたり、叱られたり、人が自分に対して本気でかかわってくれたときです。志が高くて前向きな人と話すときにも、元気がた

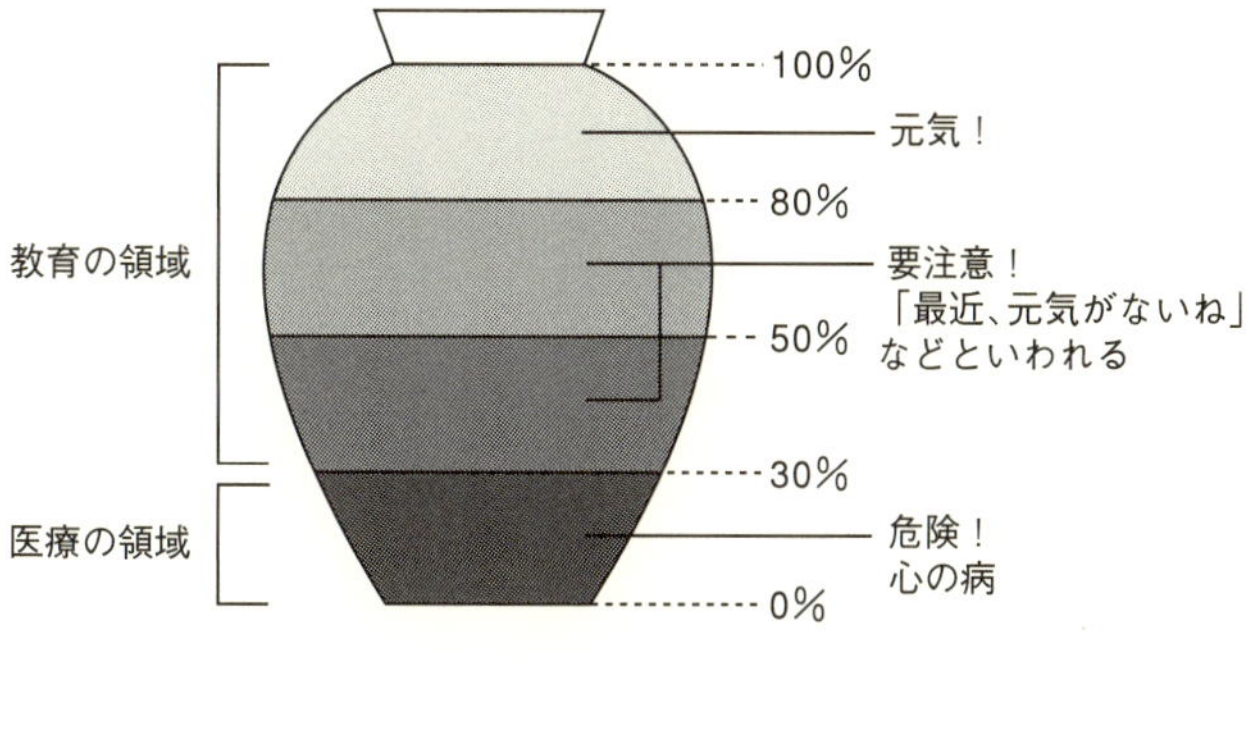

心のツボ

まります。自分の夢や仕事の理想を語る人と接することで、自分の理念や価値観、責任感も高まっていくのです。こうした仲間と会って、心のツボに元気を満たすことが欠かせません。

逆に、グチや悪口ばかりで、マイナスな言葉しか言わない人と付き合っていると、自分も元気をなくすので、なるべくかかわらないほうがいいでしょう。こういう人をディスカウンターといいます。元気、やる気をディスカウントしてしまうのです。また、幼いころに自分の元気が出た原体験、楽しかったこと、感動したことを振り返ることでも元気が蓄えられます。日誌を振り返り、過去の自分と向き合って、自己を見失わないように認識することも、元気につながるのです。

人の心に元気を注入するかかわりを、「ストローク」と呼びます。笑顔で接したり、相手をほめたり、本気でかかわれば、人にプラスのストロークを与えて、元気づけることができます。相手にストロークを与えて、元気にすれば、自分も元気をもらえるのです。

人は心のツボが満たされていれば、失敗してもくじけず、怒られてもめげずに、目標に立ち向かうことができる。勇気の出る話ですね。

ストロークで周囲の空気が一変する

私は、陸上競技指導が専門ですが、水泳やバスケットボールなど、他の競技も指導できると考えています。当然、高度な技術を教えることはできませんが、いかなるジャンルのスポーツでも、選手を高めるノウハウは共通しているからです。

また多くの企業で人材教育を行っているように、スポーツ以外のビジネス分野でも人材育成、コーチという作業には共通点が多くあるのです。

そのひとつの極意となるのが、心に響く「ストローク」です。相手の心に元気を高めるストロークを打ち込むのです。

よい指導者は相手の反応に対して即座に評価を下し、簡潔で心にグサッと響く言葉をタイミングよくかけられます。こうした質の高いストロークをたくさん出して、元気をどんどん注入できる人がよい指導者といえます。

質の高いストロークとは、遠慮をせずに本気でかかわることから生まれます。リーダーを問わず、社内で質の高いストロークを放つ人が増えれば、本気でコミュニケーションするムードが生まれます。元気を与え合う関係が広がるのです。

一番ダメなのが遠慮です。深くかかわらないムードです。この遠慮が組織をダメにします。遠慮が先に立って本気でかかわらない人間関係が蔓延すると、組織は元気を失い死んでしまうのです。これは教育も同じことです。子どもに遠慮して本気でかかわれない親や教師が、子どもをダメにしてしまいます。

ストロークを出すタイミングも重要です。評価は即座にすること。ほめる、賛同する、共感を示す、問題を指摘する、信頼感を示すなど、その場面で的確に評価し、相手に簡潔に伝えることがポイントです。そのためにも、三時間目で触れた七秒間で短く伝えるエクササイズが、大きく役立ってくるのです。

ストロークには、ほめる、励ます、信頼感を示すなどの肯定的なストロークと、叱る、反対する、注意するといった否定的なストロークがあります。ここで、注意すべきは、否定的ストロークは、相手のどの部分に対して否定的なのか、条件を示さなければならないということ。

「お前は全然ダメだ」「使い物にならん」「このチームには必要ない」などといわれれば、人格を否定されているようにしか伝わりません。人格を否定するようなストロークは、やる気や元気を失うことになるので、絶対にダメです。

人格否定型の上司が猛威を振るうと、上司のグチや悪口を言う人が増えて、仕事に対する熱も冷め、職場はディスカウンターだらけ。もう会社に来ただけで、元気を奪われてしまう最悪の環境になってしまいます。

ビジネスマンの方にダメな上司について聞くと、やはり必ず挙がってくるのが、人格否定タイプです。どこが悪いのか、何がダメなのか。否定的ストロークでそのダメな部分を的確に示すべきです。そうすれば、厳しく叱っても、仕事に対する意欲まで低下させることはありません。

ある研修では、数名のリーダーの元にチーム単位で作業を進めていましたが、教官の方がそのときの驚きを、こう振り返っています。

「研修を進めていくうちに、あるときから、チームのコミュニケーションが急に活発になってきたんです。ある瞬間、自然発生的にそんなムードに変わったので驚きました。時に、激しい議論を戦わせる姿も目立ってきました。雰囲気がガラリと一変した。これまで、社内でそんな熱い光景を目にしたこともなかったし、本当にびっくりしました。その後は、こちらは傍観《ぼうかん》しているだけでも、勝手に議論が進行しましたし、安心して見ていられるようになりました」

真剣なかかわりを続けていくうちに、本気でかかわれる人が増え、ある瞬間、チーム全体の空気から、コミュニケーションを阻害していた遠慮が消えたのです。組織全体においても、本気でかかわる人間が社内にどんどん増えていけば、社内のムードはある瞬間に、一変するのです。

よき大人よ、夢を掲げ、同志をつくれ！

経営者のレベルで私のノウハウに共感し、組織の取り組みとして実践してくださった企業はいま、大きく変わってています。

社内の風通しはよくなり、仕事も生活も、会社組織とともによりよきものへと、シフトしていくでしょう。ともすれば人間らしさを奪う成果主義的な価値観やその仕組みから脱却し、この乱世をたくましく生き延びて、社会に対し、物心両面の利益を生み出す素晴らしい組織となるはずです。

しかし、そんな話は夢のまた夢という、職場環境に置かれている方も多いはずです。

理念をもち、自分自身を変え、周囲にどんどんストロークを放っても、部内はおろか、会社の空気を一変させるには、旧態依然とした抵抗勢力の壁がブ厚すぎる。

相変わらず厳しい残業がかさみ、せっかく取り戻した幸せな家庭生活も、時間的な圧迫を受け続け、気を抜けばもとの生活に戻ってしまいそう。

しかし、それでもあきらめずに頑張ってください。そして、一人でも多くの同志である自立型人間を育ててください。

私は、問題のあった学校を立て直すとき、自分を裏切らない仲間、志をともにしてくれる同志がほしいと、切に願いました。しかし実際は、崖《がけ》っぷち四面楚歌《しめんそか》の状態が続いていました。

というのも、志をともにしない人間に、ちょっとでも依頼心を見せれば、結局そこから、すべてをひっくり返されてしまうという経験が何度もあったからです。だから、何があっても自分を裏切らない仲間がほしかった。

中学校を立て直すことはできましたが、そこで直面した問題は、日本の教育の問題でもありました。

志を育み、自立心を芽生えさせることに、目を向けない日本の教育。スキルがすべてのように指導する風潮。忌まわしい事件の加害者がどんどん低年齢化していく異常な世の中。志のない人材が就職して、企業の体力もどんどん落ちていく。私の力だけでは、もはやどうにもならない。

そこで、ある夢を抱きました。将来、教師を指導する先生のための私塾をつくりたいと。私に共感してくれる日本全国の先生方に、自分の志を伝えて育てていきたい。そして、志ある教師が責任を持って生徒を育てていくしかないと考えたのです。これが現在、力を注いでいる教師塾です。日本の教育や企業をプラスに導くためには、たくさんの同志を増やさなければなりません。

たとえ四面楚歌でも、それを楽しんでください。悪いムードに決して流されることなく自分を貫いてほしい。かつての私がそうであったように。

必ず自分の志に、心から共鳴してくれる人が出てきます。かかわりを絶やさず、その志の輪を一つひとつ広げていきましょう。いつか、あなたの時代がくるはずです。

大人の生活指導で日本が変わる

まともな大人が増えてほしい。

お父さん、お母さん、教師、企業経営者、管理職の方々、あらゆる大人が自立型人間になれば、日本は素晴らしい国になると私は考えています。

理念や志をもって仕事に生きる。未来のあるべき自分の姿を描いて突き進む。心の利益を重んじる。長所を磨いて、それを人のために役立てる。日々、心をつくり、心を高めるために努力する。体をつくり、健康維持に努める。職場でも家庭でも、みんなの生き方モデルとなる大人を目指す。

仕事でも生活でも、自分をめぐるあらゆることに、よりよき道を追求し続ける。経験で得たよりよい方法は惜しまず提供し、それを広げることに努める。よいと思うことは心からほめ称え、悪いと思うことは遠慮なく指摘する。心を開いて笑顔で接する。元気を与え、元気をもらう。心で接し、心でかかわる。

こんな大人が世の中に増え、互いのかかわりを広げていけば、ズルイ大人は居場所を失うでしょう。不正義などもなくなっていくでしょう。よい会社がたくさん生まれ、善良な社会人がたくさん育ち、よい子どもがたくさん育つでしょう。

リーダーが変われば周囲も変わる。部下が変わり、家族が変わり、子どもが変わる。変わる瞬間は劇的です。世の中がガラリと変わる可能性があります。

とにかくチャンスはいま。この瞬間です。

よき大人、よきリーダーとして、かかわって、かかわって、できることからはじめましょう。

「タイミング・イズ・マネー、いまがその時」なのです。

[著者紹介]

原田隆史（はらだ・たかし）
原田総合教育研究所 所長
東京・京都・大阪教師塾 塾頭
天理大学非常勤講師

1960年、大阪生まれ。奈良教育大学卒業後、2003年春まで、20年間、体育教師として大阪市内の公立中学校に勤務。陸上競技部の指導と生活指導に手腕を発揮し、松虫中学校では、７年間で13回の日本一を輩出。現在は、大学で未来を担う教師の育成に当たるかたわら、現役教員のための私塾「教師塾」を主宰。学校教育にとどまらず家庭や企業教育など人材育成の分野で幅広く活躍する。著書に『カリスマ体育教師の常勝教育』、『夢を絶対に実現させる方法！』（日経BP社）、『成功の教科書』（小学館）、『本気の教育でなければ子どもは変わらない』（旺文社）。
http://www.haradatakashi.jp/

大人が変わる生活指導　仕事も人生もうまくいく

二〇〇六年五月一五日　第一版第一刷
二〇〇六年五月二九日　第一版第二刷

著　者　原田隆史
発行者　斎野 亨
発　行　日経ＢＰ社
発　売　日経ＢＰ出版センター
〒一〇八―八六四六
東京都港区白金一―一七―三
ＮＢＦプラチナタワー
電　話　〇三―六八一一―八六五〇（編集）
　　　　〇三―六八一一―八二〇〇（営業）
http://store.nikkeibp.co.jp/

装　丁　坂川事務所
製　作　クニメディア株式会社
印刷・製本　中央精版印刷株式会社

ISBN4-8222-4507-1